Couvertures supérieure et inférieure
en couleur

UN

FIASCO MAÇONNIQUE

A L'AURORE
DU VINGTIÈME SIÈCLE DE L'ÈRE CHRÉTIENNE

PREMIÈRE PARTIE

LES CONGRÈS DE LA HAYE
LEURS ORIGINES & LEURS SUITES

DEUXIÈME PARTIE

LE PARLEMENT MONDIAL

UN

FIASCO MAÇONNIQUE

A L'AURORE

DU VINGTIÈME SIÈCLE DE L'ÈRE CHRÉTIENNE

UN
FIASCO MAÇONNIQUE

A L'AURORE
DU VINGTIÈME SIÈCLE DE L'ÈRE CHRÉTIENNE

PREMIÈRE PARTIE

LES CONGRÈS DE LA HAYE
LEURS ORIGINES & LEURS SUITES

DEUXIÈME PARTIE

LE PARLEMENT MONDIAL

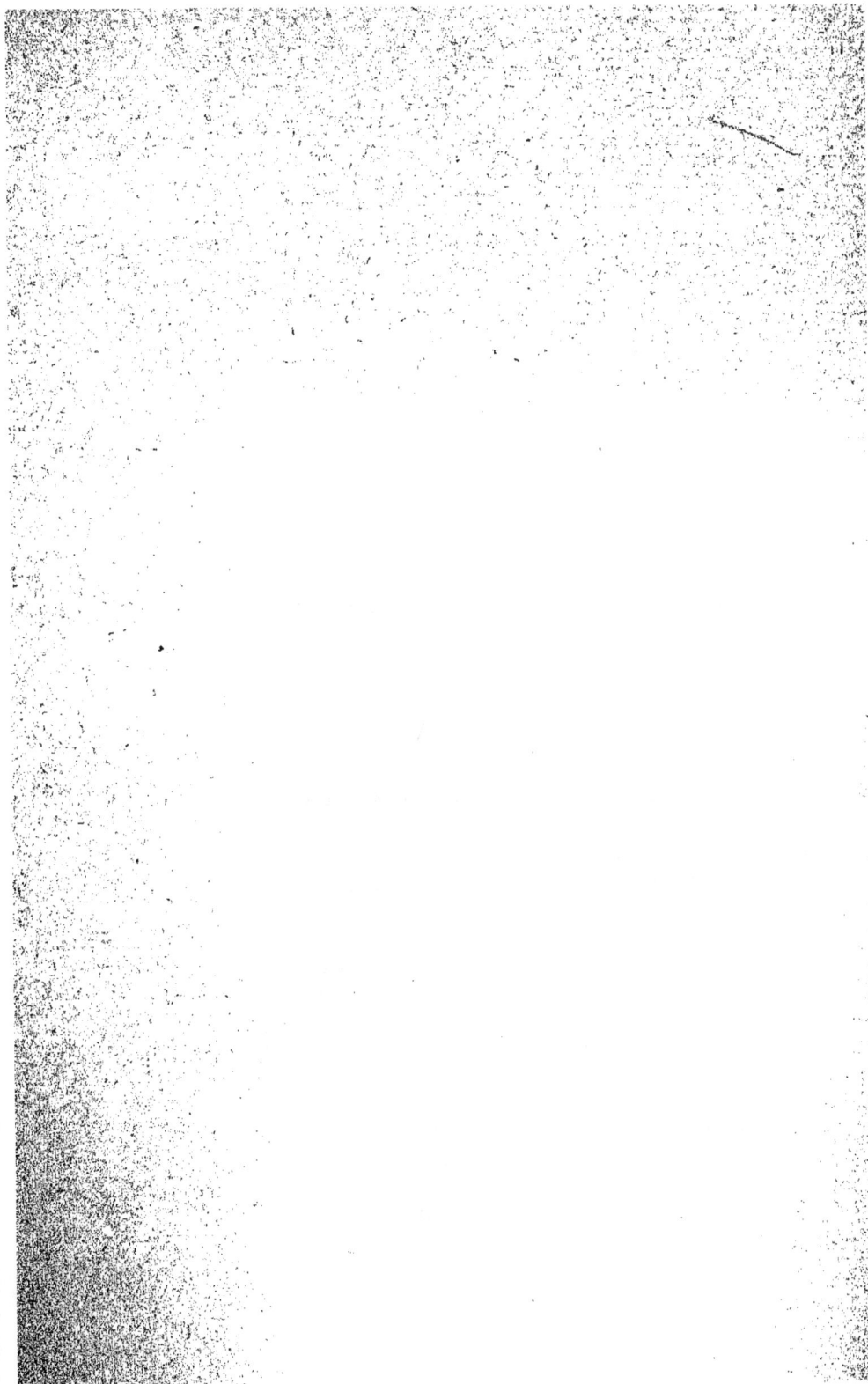

UN

FIASCO MAÇONNIQUE

A L'AURORE
DU VINGTIÈME SIÈCLE DE L'ÈRE CHRÉTIENNE

I

LES CONGRÈS DE LA HAYE

LEURS ORIGINES. — LEURS CONSÉQUENCES

(Extrait de la *Deutsche Revue*, numéro de juillet 1911, et traduit par l'auteur [1])

Le besoin de la paix pour assurer le libre exercice de leurs facul-
tés et la jouissance des avantages que procure leur activité, s'est
manifesté chez tous les peuples, « depuis qu'il y a des hommes et
qui pensent », suivant l'expression de Pascal. Il n'est pas la carac-
téristique de notre époque, comme d'aucuns semblent le supposer.
Il est de tous les temps et de tous les lieux. Il est inné et indéraci-
nable.

Comment donner à ce besoin une satisfaction assurée, durable,
et, autant que ce mot peut être employé dans les choses humaines,
perpétuelle ? Voilà le problème qui, depuis des siècles, agite l'humanité ; que les penseurs, les philosophes, les hommes d'Etat, pas plus
que les plus humbles et les plus ignorants d'entre leurs compatriotes, n'ont su résoudre.

A la fin du siècle dernier, dans son Précis du Droit des Gens
moderne de l'Europe, G. F. de Martens avait caractérisé, en ces
termes, le projet de paix perpétuelle : « C'est le fruit d'anciennes

1. *Deutsche-Revue*, Deutsche Verlags anstalt in Stuggart.

« théories qui, bien que renouvelé et présenté sous des formes plus
« ou moins lumineuses, n'est qu'un beau songe dont on peut se
« bercer agréablement en des moments de loisir [1] ». Robert Von
Mohl disait aux applaudissements de foules de juristes et d'écrivains : « Tout ce mouvement pour la Paix, si beau à n'en considérer que l'apparence, n'est au fond que la preuve d'une sotte bonhomie [2] ». Il regrettait les forces qui y ont été dépensées.

Le vice commun de ces projets, si on les étudie, je ne dis pas
tous, ils sont innombrables, mais ceux qui ont mérité de retenir
l'attention publique, c'est qu'en admettant même qu'ils soient réalisables, ce qui n'est guère possible, ils garantiraient peut-être la
paix, mais ils ne garantiraient pas la justice, ils n'empêcheraient
pas la violation du droit. Comme le fait observer F. Laurent, « le
« but de tous ces projets de paix, c'est de faire régner la paix ; or,
« ce n'est pas la paix qui est le but, l'idéal, c'est le droit ; or, toutes
« les garanties imaginables ne préviennent pas la violation du
« droit [3] ».

Pourquoi cette impuissance à assurer, en même temps que le
maintien de la paix, le respect du droit ? Parce qu'il n'existe pas
d'autorité suprême capable d'imposer son arbitrage, non par la force
des baïonnettes, ce qui est le retour à la guerre, avec toutes ses
atrocités, comme aussi avec tous ses hasards, mais par sa seule
force morale.

La preuve c'est que, tant que cette autorité morale a existé en
Europe et a pu, grâce à l'unité de la Foi, s'exercer, elle a rendu, dans
la mesure où le désordre des temps le permettait, les services qu'on
espère des Cours internationales permanentes et des Tribunaux
d'arbitrage.

« On peut avec raison, dit Wheaton, regarder l'influence im« mense de l'autorité Papale au moyen âge comme un bienfait pour
« l'humanité : elle sauva l'Europe de la barbarie et devint le seul
« refuge contre l'oppression féodale [4] ».

« La juridiction des Papes, déclare Ancillon, ce fut un tribunal
« suprême élevé au milieu de l'anarchie universelle ; elle prévint et
« arrêta le despotisme des Empereurs, remplaça le défaut d'équi« libre, et diminua le régime féodal. Elle seule sauva peut-être
« l'Europe d'une entière barbarie ; elle créa des rapports entre les

1 Edition de Paris, 1er vol. p. 12, Guillaumin, 1858.
2. ROBERT VON MOHL. Die Geschichte und Litteratur der Staats Vissenschaften, Erlanger,
Enke, 1855-1858, t, I. p. 441.
3. F. LAURENT. — Etudes sur l'histoire de l'Humanité. — Gand, 1855-1870, t. 18, p. 585.
4. Henri WHEATON. — Histoire des progrès du Droit des Gens en Europe et en Amérique. —
Leipzig, Brockhaus, 1846, I, p. 30 introduction.

« Nations les plus éloignées, elle fut un centre commun pour les
« Etats civilisés [1] ».

Dans un article sur *l'Action de la Papauté en Europe depuis la
réforme de Luther*, la *Quarterly Review* de Londres s'exprime ainsi :
« La Papauté insultait, dites-vous, les diadèmes des Rois et les
« droits des Nations ; elle portait son pied insolent sur le front des
« Monarques ; rien n'existait sans la permission de Rome ! — Sans
« doute, mais cette domination présomptueuse était un bienfait
« immense. La force de l'esprit contraignait la force brute à plier
« devant elle. De tous les triomphes que l'intelligence a remportés
« sur la matière, c'est peut-être le plus sublime. Qu'on se reporte
« au temps où la Loi muette, prosternée sous le glaive, rampait
« dans une boue ensanglantée ! N'était-ce pas chose admirable de
« voir un Empereur Allemand, dans la plénitude de sa puissance,
« au moment même où il précipitait ses soldats pour étouffer le
« germe des Républiques d'Italie, s'arrêter court et ne pouvoir pas-
« ser outre ; des tyrans couverts de leurs armures, environnés de
« leurs soldats, Philippe-Auguste de France ou Jean d'Angleterre,
« suspendre leur colère et se sentir frappés d'impuissance ? A la
« voix de qui, je vous prie ? A la voix d'un pauvre vieillard, habi-
« tant une ville lointaine, avec deux bataillons de mauvaises trou-
« pes, et possédant à peine quelques lieues d'un territoire contesté.
« N'est-ce pas un spectacle fait pour élever l'âme, une merveille
« plus étrange que toutes celles dont la légende chrétienne est
« remplie ».

Après la Réforme, après la Révolution Française, le Pape a cessé
d'occuper le rôle d'arbitre suprême de l'Europe dont il avait, sans
discontinuité, exercé les fonctions durant tout le moyen âge. L'usage
ne s'en perpétua pas moins de recourir à son intervention pour trancher nombre de conflits internationaux et apaiser certaines querelles
entre des peuples chrétiens.

La Revue Internationale : *La Papauté et les Peuples,* a publié,
sous le titre « *La Papauté dans la vie Internationale et Nationale
des peuples* », une série d'articles puissamment documentés, dus à
la plume de M. Jose. Cortis[2]. L'auteur rappelle la longue liste des
litiges soumis à l'appréciation du Souverain Pontife dans ces derniers siècles. Le plus fameux est le conflit entre l'Allemagne et
l'Espagne à l'occasion des Carolines. Mais ce n'est ni le seul, ni le

---

1. ANCILLON. — *Tableau des Révolutions du système politique de l'Europe depuis la fin du
XVe siècle.* Berlin 1803, T. PP. 79, 80 et 106, 107.

2. V. *Revue Internationale* : La Papauté et les Peuples. Vol. II, pp. 207-221. — Vol. III,
pp. 79-93 et 373-392. — Vol. VI, pp. 34-52 et 159-176. — Vol. VII, pp. 101 et suiv. — Vol. XVI,
pp. 259 et suiv. — Vol. XIII, pp. 39-51, 166-181, 276, 277, 346, 354. — Vol. XIX, pp. 34, 44,
113, 121. Paris, 40, rue du Luxembourg. — Berlin, F.-A. Brookans.

dernier où Léon XIII fut appelé à jouer le rôle de médiateur. On peut citer encore le différend entre le Portugal et l'Angleterre en 1890 ; entre l'Angleterre et le Vénézuela en 1894 ; entre les Républiques de Haïti et de Saint-Domingue en 1895 ; entre les Républiques Argentine et du Chili en 1896, etc...

Dans la seconde moitié du XIXᵉ siècle, des voix nombreuses se sont élevées, soit dans les parlements, soit dans les Conseils des Princes et de leurs Ministres, soit dans le monde des philosophes, penseurs et publicistes pour demander que la juridiction arbitrale des Papes fût rétablie dans la suprématie qu'elle exerçait au moyen âge. Ce qu'il y a de singulier dans ce mouvement, c'est qu'il s'est manifesté dans les pays protestants et chez des écrivains appartenant aux cultes dissidents avec plus d'intensité que dans les Nations Catholiques ou dans les auteurs d'Orthodoxie Romaine.

A côté de l'adresse des Catholiques Anglais à Pie IX en 1868, à l'occasion du Concile du Vatican, pour la restauration du Droit des Gens par le Saint-Siège, il convient de citer l'*Appel au Pape* du protestant Anglais David Urquhart en 1869 ; Pétition des Protestants anglais à Pie IX ; Pétition des Evêques d'Arménie ; Postulatum de quarante Archevêques et Cardinaux en 1870, etc., etc...

Dans un article publié en mai 1887, la *Liberté* annonçait que diverses puissances avaient été consultées sur l'opportunité d'un Congrès Européen, présidé par Léon XIII, dans lequel seraient résolues les difficultés pendantes en Europe [1] : « Ce Congrès, dit « le *Journal des Débats*, répondrait admirablement aux nécessités « de l'heure présente. On s'étonne qu'aucun gouvernement, aucun « homme d'Etat n'en ait encore eu l'idée ». Le *Temps* écrivait à la même époque : « Etrange retour des choses humaines... qu'on « puisse entrevoir la possibilité de ce rêve du moyen âge : La « Papauté décidant en fait du gouvernement politique de presque « toutes les nations ».

C'est au milieu de cette incertitude des esprits et des angoisses croissantes causées par le développement démesuré des armements, que la nouvelle de la convocation à La Haye, le 18 mai 1899, d'une conférence de la Paix, surprit le monde.

L'étonnement provenait moins du but assigné à cette Réunion pour le règlement pacifique des conflits internationaux par voie de Cour permanente ou temporaire, d'arbitrage facultatif ou obligatoire, que du point de l'horizon d'où partait l'initiative. Le désar-

---

1. *La Liberté*, 1887, Mougins de Roquefort ; p. 115, Paris.
Journal des Débats, 1887, cité par Mougins, Paris,

mement, l'arbitrage, la juridiction, il y avait longtemps que ces idées étaient vulgarisées, que les philanthropes se battaient autour d'elles avec d'autant plus d'acharnement que leur amour de la paix était plus sincère.

L'opinion était moins habituée à la pensée que l'initiative de cette tentative de réforme hardie, dont la réalisation adéquate, complète et logique, si elle doit jamais s'effectuer, conduirait, peut-être, à la République universelle, viendrait de l'autocrate de toutes les Russies.

Comment cette initiative a-t-elle été provoquée et à quelles intentions ? C'est un point d'histoire contemporaine qui prend plus d'intérêt à mesure que l'idée qu'elle a lancée semble s'acheminer vers un succès plus prochain.

Notre Révolution a relevé le Juif des déchéances dont il avait été frappé depuis des siècles ; elle lui a donné la jouissance de tous les droits politiques et civils dont bénéficient les Nationaux. L'exemple de la France a été, peu à peu, plus ou moins complètement suivi par les autres peuples chrétiens de l'ancien et du Nouveau Monde.

Cette *restitutio in integrum* a rempli le cœur d'Israël d'une immense joie et aussi d'un immense orgueil, car ils ignorent le peuple Hébreu ceux qui ne savent pas que chez lui l'orgueil national égale l'amour des richesses. « Ma Nation, dit le juif Apatousky dans une lettre adressée au journal *l'Union* et citée par *Le Monde*, du 4 août 1860, ne sait pas seulement former des banquiers et des commerçants, elle sait aussi être diplomate ».

En 1861, fut fondée à Paris l'*Alliance Israélite universelle* par le juif Cahen, directeur des *Archives Israélites*. Le but assigné à cette œuvre nouvelle était de « resserrer le lien confraternel de l'Israélisme dans le monde entier ».

Quelques années à peine écoulées depuis cette Fondation, les *Archives Israélites* publiaient une lettre datée de Nancy le 20 mars 1864, que lui adressait le juif Lévy Bing.

Lévy Bing y posait le principe de la Paix perpétuelle par l'arbitrage. « Si peu à peu, disait-il, les vengeances personnelles ont « disparu, s'il n'est plus permis de se faire justice à soi-même, mais « plutôt de s'en remettre à des Juges généralement acceptés et « désintéressés dans le litige, n'est-il pas naturel, nécessaire et « bien autrement important de voir bientôt un autre tribunal, un « tribunal suprême, saisi des grands démêlés publics, des plaintes « entre Nations et Nations, jugeant en dernier ressort et dont la « la parole fasse foi ? Et cette parole, c'est la parole de Dieu, pro-« noncée par ses fils aînés, les Hébreux, et devant laquelle s'incli-

« nent avec respect toutes les puissances, c'est-à-dire l'universalité
« des hommes, nos frères, nos amis, nos disciples ».[1]

Voilà l'idée de la Cour permanente d'arbitrage nettement posée. Pour la mettre en œuvre, Lévy Bing fait appel au concours
des Francs-Maçons : « Ces frères qui, mieux que nous, dit-il, con-
naissent nos intérêts et les défendent ». — Suivant l'usage, le projet est mis en travail dans les Ateliers et vulgarisé par les Loges.
Aucune n'hésite à proclamer que les Hébreux, fils aînés de Dieu,
doivent être le peuple arbitre, universel et infaillible, le « Peuple-
Pape », héritier légitime et nécessaire de la Suprématie internationale du Vatican déchu. Aucune ne met en doute que, de quelque
façon qu'on la compose, la Cour arbitrale sera sous la dépendance
juive.

Le Juif est le citoyen de l'univers. A cette heure, il domine le
monde. Il est partout. Il a la main dans tout. Il détient les forces
vives des peuples et presque tous les hauts emplois des Gouvernements. Comment n'exercerait-il pas une influence sur la Cour permanente d'arbitrage ? Par la souplesse insinuante de ses manières,
par l'activité de ses intrigues, par sa persévérance, par la sûreté de
son diagnostic, par la supériorité de son intelligence, il est destiné
à les dominer sur le terrain diplomatique comme sur le terrain
financier.

L'Alliance Israëlite Universelle avait élu, en 1861, pour son Pré-
sident, Crémieux. Crémieux n'était pas seulement Grand-Maître du
Rite Ecossais, il était aussi un homme politique important, futur
Ministre, et membre d'un Gouvernement provisoire.

Voici en quels termes il définit le rôle de l'Alliance Israëlite Universelle dans le domaine international : « Notre alliance commence à
« peine, dit-il, et déjà son influence salutaire se fait sentir au loin.
« Elle ne s'adresse pas à notre Culte seul, elle s'adresse à tous les
« Cultes : Elle veut pénétrer dans toutes les Religions, comme elle
« pénètre dans toutes les contrées. Eh bien ! Messieurs, continuons
« notre mission glorieuse. Que les hommes éclairés, sans distinction
« de cultes, s'unissent dans cette Association Israëlite Universelle
« dont le but est si noble, si largement civilisateur.... Donner une
« main amie à tous ces hommes qui, nés dans une autre religion
« que la nôtre, nous tendent leur main fraternelle, reconnaissant
« que toutes les Religions dont la morale est la base, dont Dieu est
« le sommet, doivent être amies entre elles ; faire ainsi tomber les
« barrières qui séparent ce qui doit se réunir un jour, voilà, Mes-
« sieurs, la belle, la grande mission de notre Alliance Israëlite

1 Archives Israëlites, Mars 1864, pp. 310 à 350.

« *Universelle.* J'appelle à notre Association nos frères de tous les
« Cultes, qu'ils viennent à nous, avec quel empressement nous
« irons à eux... Notre grande mission, c'est de mettre en rapport
« avec les autorités de tous les pays, ces populations juives si dé-
« laissées quand elles ne sont pas traitées en ennemies ; à la pre-
« mière nouvelle d'une attaque contre un Culte, d'une violence ex-
« citée par la haine religieuse, nous lever comme un seul homme
« et réclamer l'appui de tous, faire entendre notre voix dans les ca-
« binets des Ministres et jusqu'aux oreilles des Princes, quelle que
« soit la religion qui est méconnue, persécutée, atteinte[1] ».

Dès ses débuts, l'activité de l'*Alliance* fut grande et son influence
indéniable. Ses délégués surent pénétrer dans les cabinets des Ministres et jusqu'auprès des Empereurs et des Rois. M. Crémieux a
fait entendre sa voix à Napoléon III en 1866, au Prince Charles de
Roumanie en 1867, à M. de Bismarck en 1868.

En 1874, c'est à l'Empereur Alexandre II, que l'*Alliance* adressa
la parole. Une députation, choisie par elle, réussit à s'introduire
auprès du Souverain Moscovite pendant son séjour à Londres. Ces
délégués exposèrent éloquemment au Prince humanitaire, émanci-
pateur des serfs, les idées de Lévy Bing ; plus de guerre, l'arbitrage
obligatoire, une Cour permanente tranchant les conflits entre les
peuples. L'Autocrate fut émerveillé, et il promit la réunion d'un
Congrès qui délibérerait sur la réalisation d'un projet aussi susceptible de rencontrer l'assentiment général.

Toutefois, avant de prendre cette initiative, Alexandre II voulut
pressentir l'accueil qu'elle recevrait de la part des autres puissances.
Il se promit, lors de son passage à Berlin, dans son voyage de retour,
de consulter le Prince de Bismarck. Il trouva le Chancelier de fer peu
enclin à partager son enthousiasme pour les élucubrations de Lévy
Bing. A ce moment, il ne se passait guère de séance au Reichstag
où il ne parlât de saigner à blanc la France, et où il n'agitât, contre
elle, le spectre d'une guerre plus terrible encore que celle de 1870.
Parler de paix perpétuelle lui paraissait assez inopportun. Il ne
repoussait pas la pensée d'un arbitrage, mais son expérience
consommée lui faisait préférer l'impartialité et le désintéressement
du Pape aux hasards d'une juridiction cosmopolite et soumise à
mille influences extérieures.

Alexandre II ne renonça pas à son projet, mais il comprit qu'il
convenait d'en ajourner l'exécution, et bientôt les bombes des
Nihilistes coupèrent subitement le fil de ses rêves humanitaires.
Son successeur n'avait pas les mêmes entraînements vers l'idéologie

1. *Archives Israélites* XXV, pp. 514-520 1861,

judéo-maçonnique. Le but qu'il s'était proposé, quoique simpliste, était d'une réalisation difficile et absorbait tous ses efforts : Rendre la Russie aux Russes, et les affranchir d'influences souvent plus corruptrices qu'émancipatrices. L'idée de soumettre tout ou partie des intérêts de son Empire à l'appréciation d'un aréopage international, lui était antipathique.

Les suggestions de l'*Alliance Universelle Israélite* trouvèrent un accès plus facile auprès de Nicolas II. La seule directrice constante de la politique de ce Souverain libéral a été jusqu'ici la recherche des emprunts. Il fut aisé de lui faire comprendre qu'en prenant l'initiative du projet patronné par son grand-père, il s'ouvrirait la clef des cœurs et des caisses dans un pays soumis aussi aveuglément que la France à l'entraînement des idées judéo-maçonniques.

La première conférence de la Paix s'est réunie à La Haye, le 18 mai 1899. Tout le monde a compris qu'elle ne pouvait être que le préambule de l'œuvre immense qu'il s'agissait d'accomplir. A elle, il appartenait de poser les problèmes; le soin de les résoudre devait forcément être réservé à celles qui lui succéderaient. Aussi s'est-elle séparée sans laisser après elle trop de désenchantement.

La question était de savoir si cette première réunion serait suivie d'une seconde. Pendant quelque temps l'affirmative a paru douteuse. La Russie s'était laissée entraîner dans une guerre désastreuse, à laquelle il lui était facilement loisible de se soustraire. Son prestige, comme apôtre de la Paix universelle, en semblait atteint. Aucune autre Puissance européenne ne semblait disposée à lui disputer cette mission.

L'enthousiasme, qui s'éteignait sensiblement dans l'ancien Continent, s'allumait au contraire dans le Nouveau. La mentalité des citoyens des deux hémisphères sur ce problème n'est pas la même. En Amérique, l'idée de la Fédération est innée, et apparaît comme la forme idéale. Les Républiques ne sont que des Fédérations d'Etats et semblent prédestinées à se fédérer elles-mêmes autour du centre assez puissant pour leur imposer sa prédominance et sa loi.

Aux yeux du citoyen Américain, l'Europe actuelle vit dans un état arriéré de désordre et d'anarchie qui ne connaît d'autre loi que la force. Cette situation anarchique ne saurait se perpétuer. Il faut amener l'ancien Continent à se soumettre, comme le Nouveau, au contrôle judiciaire du système fédéral. L'objectif final des Conférences de la Paix est la création d'un Etat mondial, dont la constitution serait copiée, plus ou moins fidèlement, sur la Constitution des Etats-Unis de l'Amérique du Nord.

Le développement merveilleux de cette grande République, sa richesse croissant indéfiniment, son activité sans limite, ne sont-ils pas la preuve indiscutable de la prospérité sans égale à laquelle atteindrait le monde entier s'il savait se soumettre à sa loi.

L'attraction que l'Amérique du Nord exerce sur l'Amérique latine est irrésistible. Les protestations qu'elle soulève sont platoniques. Les récriminations parfois amères qu'elle suscite de divers côtés, sont des réveils de l'esprit particulariste sans lendemain. Le plan d'absorption des Etats-Unis se développe au contraire avec maturité et une méthode aussi opiniâtre qu'habile.

Ils réalisent sans obstacle un grand dessein qui a pu longtemps sembler difficile, sinon impossible. Ils ouvrent le canal de Panama, mais ils ne l'ouvrent qu'après s'en être rendus les maîtres absolus ; qu'après être devenus Souverains d'une partie du littoral et gardiens des deux côtés du Continent.

Ils s'assurent ainsi la prééminence sur l'Océan Pacifique. En s'installant aux îles Gallapagos, le Président Taft prend la clef du passage, bien décidé à n'ouvrir qu'à qui montrera patte blanche. Toujours partisan de l'arbitrage, il rend ses canons arbitres de la liberté des mers.

Tout en mûrissant ces vastes projets, le Président Roosevelt, chez qui on peut reconnaître, à bon droit, le nez Américain, s'est dit qu'il ne pourrait faire accepter un coup de filet si hardi sur le commerce mondial à l'immensité des gogos qui pullulent sur notre planète sublunaire, s'il ne distrayait leur attention et ne frappait leur imagination par quelque bluff éblouissant. Or, à ce moment, quel bluff pouvait mieux réussir que la Paix perpétuelle, l'arbitrage universel, le jury cosmopolite et la Cour de Cassation internationale. A la suite de ces grands mots, on était sûr de mener l'opinion publique avec soi.

Roosevelt n'hésita pas, il prit résolûment en mains la cause de la réunion de la seconde Conférence de La Haye. Par courtoisie, il laissa au Czar l'honneur de lancer les invitations, mais il voulut que chacun sût qu'il en était, en fait, le vrai promoteur et que, par ses délégués, il était l'inspirateur hardi de toutes les initiatives humanitaires.

La seconde Conférence se réunit à La Haye le 15 juin 1907. La première assemblée ne comptait parmi ses membres que les représentants de 26 Etats, tandis que 44 Etats envoyèrent des délégués à la seconde. Les 18 Etats nouveaux étaient le contingent des Républiques de l'Amérique latine, marchant à la rescousse de Roosevelt, plus le petit Royaume de Norwège, éclos dans l'intervalle par voie de génération spontanée.

« Bel enfant de 15 ans, dru comme père et mère, nous dit Montaigne, aime mieux tancer ses parents que de recevoir semonce ».

A la seconde Conférence, les Puissances européennes, l'Angleterre en particulier, ont pu faire à leurs dépens l'expérience de la justesse de la remarque de Montaigne.

Sa finesse de vieux cow-boy, mâtiné de politicien Yankee, fit-elle deviner à Roosevelt la métamorphose que nous voyons se produire en Angleterre ; la vieille Nation, si fière de ses privilèges et même de ses préjugés aristocratiques, se jetant à corps perdu dans la social-démocratie ; le Royaume-Uni prêt à se disloquer en Etats autonomes, que ne rattacherait plus entre eux qu'un lien plus ou moins lâche de suzeraineté, et à rechercher à l'abri d'un traité d'arbitrage sans limite de temps, ni d'objet, équivalant à un traité d'alliance défensive avec la jeune et toute puissante République, le repos des labeurs de son glorieux passé ?

Je l'ignore. Mais ce qui me le fait supposer c'est la verte mercuriale qu'à son passage à Londres, il a adressée à l'Angleterre, coupable à ses yeux de laisser s'affaiblir, par trop de mollesse dans la répression, sa domination sur l'Egypte et sur le Canal de Suez. Dans son Impérialisme, il lui importe que la clef des mers, aussi bien à Suez qu'à Panama, soit entre des mains anglo-saxonnes, entre les mains des Etats-Unis ou entre les mains de la puissance liée aux Etats-Unis par les liens du sang comme par les liens des traités.

En dépit des nombreux atouts, que la dextérité de Roosevelt avait mis dans son jeu, et du vif désir des membres de la Conférence de se signaler à la reconnaissance de la postérité, la seconde Conférence dut se séparer, comme la première, après avoir posé les plus graves problèmes, mais sans les avoir résolus.

La cause de cet échec, au moins relatif, c'est qu'en face des solutions transactionnelles, est venu se poser un système intransigeant et absolu auquel la Conférence n'a pas voulu, et n'aurait pu, se rallier sous peine d'être désavouée par les Gouvernements et que, d'autre part, elle n'a pas osé rejeter de crainte de soulever contre elle le mécontentement de l'opinion égarée par de dangereuses illusions.

Nous avons vu les différentes phases qu'a traversées avant d'arriver devant la seconde Conférence de La Haye, la question de l'arbitrage international : d'abord la phase catholique, l'arbitrage du Pape. Cette solution, on n'en veut plus entendre parler. Elle est tellement écartée que le Pape lui-même est exclu de la Conférence. La seconde phase a été la phase Juive, où l'Empereur de Russie a saisi la première Conférence du projet adopté par son grand-père, Alexandre II, à l'instigation de l'*Alliance Israélite Universelle*. La troisième phase a été la phase américaine où le Président Roosevelt a essayé de faire prévaloir le système d'une Confédération mondiale.

Ces trois évolutions d'une même idée, la solution des conflits internationaux par la vertu de l'arbitrage, avaient une base commune. Tous les trois systèmes partaient de ce principe que l'arbitre ne pouvait prononcer qu'en vertu d'une loi, et d'une loi dont l'autorité morale s'imposerait à tous les hommes. Ils différaient entre eux en ce que le premier cherchait cette loi dans l'Evangile, le second dans le Talmud, et le troisième dans la Bible.

A la seconde Conférence de la Haye, un quatrième système s'est dressé en face des précédents. Il se distinguait nettement des autres en ce qu'il ne fondait plus l'autorité des sentences arbitrales sur une loi morale, dont la divinité impose le respect à toutes les consciences humaines chez tous les peuples, mais sur la souveraineté du nombre, sur le verdict de la majorité qui, dans les pays démocratiques comme la France, tranche définitivement toutes les questions.

C'est le délégué français, M. Bourgeois qui s'est constitué le protagoniste de ce système et qui, s'il n'a pu le faire prévaloir, a fait échec au moins aux solutions contraires.

La note Russe de 1899 assigne comme but à la Conférence la fondation « d'une société des Nations dans laquelle les intérêts de la paix priment tout ». Ces paroles, imprudentes peut-être, mirent en ébullition beaucoup d'imaginations prêtes à s'illusionner. Les peuples s'attendirent à voir sortir des délibérations du Congrès, des garanties de paix perpétuelle, la suppression des armements et des charges écrasantes de préparation à la guerre. Or, le système Américain ne donne aucune suffisante satisfaction à ces exigences d'une opinion égarée dans les rêves humanitaires.

Les Etats-Unis citent l'exemple de leur Constitution et la proposent à l'imitation des autres peuples : « Notre expérience, disent-ils, « l'étude de notre Cour suprême, nous a montré qu'une Cour de « justice arbitrale peut être créée et solutionner les conflits surgissant entre les membres souverains de la famille des Nations, tout « aussi sûrement, tout aussi équitablement que notre Cour suprê- « me tranche les différends à caractère international entre les Etats « de l'Union Américaine ».

Il est facile de leur répondre que leur Constitution est de date peut-être un peu récente pour être proposée en exemple de tout repos à des peuples dont l'existence compte autant de siècles qu'elle compte d'années; qu'au surplus, dans une circonstance critique, dès que les intérêts opposés des citoyens leur ont paru assez passionnants pour leur mettre les armes à la main, elle n'a pas épargné à leur grande République les épreuves de la guerre de Sécession la lutte la plus grandiose que l'histoire du Nouveau Monde ait encore enregistrée.

D'ailleurs l'analogie est apparente non réelle entre les Etats de l'Union Américaine et les Etats souverains de l'ancien Continent. Les Etats de l'Union Américaine ne sont pas indépendants, ils sont rattachés les uns aux autres par des liens constitutionnels et législatifs, administratifs et financiers ; ils sont placés sous l'autorité du même Chef du pouvoir exécutif, du même Conseil des Ministres, du même Parlement. Au regard de l'étranger, ils ne forment qu'un seul corps de Nation. Il est donc tout naturel qu'ils reconnaissent la juridiction d'une même Cour suprême, c'est la condition même de leur union. Cette Cour est un pouvoir national, non étranger et cosmopolite. Elle a, pour faire exécuter ses sentences, la force publique nationale.

C'est évoquer une touchante pensée que de dire que tous les peuples ne forment qu'une seule famille ; mais il faut convenir que cette famille est depuis longtemps divisée, et l'on se demande quelle main serait assez puissante pour prendre tous ses membres, les jeter dans le même creuset et les refondre sur le modèle des Etats de l'Union Américaine.

Le système maçonnique, dont M. Bourgeois s'est fait le porte-parole, élimine toutes ces difficultés en supprimant radicalement la souveraineté nationale. C'est tout uniment la République universelle gouvernée par la loi du nombre. Le mot de République n'a pas été prononcé, par courtoisie, pour ménager certaines susceptibilités monarchiques ; mais l'aboutissement logique de toutes les propositions présentées et soutenues par M. Bourgeois, c'est la confusion de tous les peuples dans une démocratie mondiale, gouvernée par une Assemblée où chaque territoire serait représenté par des délégués en nombre proportionnel avec son étendue et le chiffre de sa population. Cette Assemblée se superposerait à tous les pouvoirs établis dans tous les pays et les régenterait. Elle cumulerait le pouvoir législatif, administratif et judiciaire.

Sans doute, le morceau était trop gros pour que M. Bourgeois pût se flatter de le faire avaler d'un seul coup à la Conférence. Aussi s'est-il attaché à le lui servir par tranche. « L'important, a-t-il « déclaré, est d'élever l'arbitrage au-dessus des actes judiciaires, « administratifs et gouvernementaux, » de chaque Nationalité. C'était, en effet, le trou à percer ; par la brèche, tout aurait passé.

Il s'est attaché désespérément à faire admettre le principe de l'arbitrage général obligatoire. C'était le coup de bélier porté à l'indépendance nationale des peuples. Il a dressé une liste « anodine » des cas auxquels il serait applicable. Il a exclu les différends qui mettraient en cause les intérêts vitaux, l'indépendance ou l'honneur des Etats en conflit, ou qui toucheraient aux intérêts d'autres Etats ne participant point au litige.

Pour mieux endormir les susceptibilités, il a ajouté par surcroît de précaution : « Il appartiendra à chacune des Puissances signataires d'apprécier si le différend qui se sera produit, met en cause ses intérêts vitaux, son indépendance ou son honneur et, par conséquent, est de nature à être compris parmi ceux qui, d'après l'article précédent, sont exceptés de l'arbitrage obligatoire ».

Ainsi, il reste à la discrétion de chaque Etat d'apprécier si le différend met ou ne met pas en cause ses intérêts vitaux, son indépendance ou son honneur et, par conséquent, s'il rentre ou ne rentre pas dans les cas soumis à l'arbitrage obligatoire. Un arbitrage qui n'est obligatoire que lorsqu'il plaît à chacune des deux parties en cause de ne pas l'exclure de la catégorie des cas où l'obligation existe, n'est pas obligatoire, il est facultatif.

Ces contradictions n'arrêtaient pas M. Bourgeois, tant il attachait de prix à faire consacrer en principe, ne fût-ce que nominalement, l'arbitrage obligatoire par une Cour permanente. « Il est essentiel, s'écriait-il, qu'on ne quitte pas La Haye sans avoir rien fait ».

Donc, de l'aveu de M. Bourgeois, si l'on ne soumettait pas toutes les Nations à une juridiction internationale, la Conférence de la Haye n'aurait rien fait. C'était le but réel de sa convocation : y manquer, c'était faire faillite.

M. Bourgeois concluait : « Même en réalisant le modeste projet dont il s'agit, les Nations auront affirmé leur volonté commune du respect du droit et un sentiment commun de solidarité de leur devoir et ce sera peut-être la leçon morale la plus haute qui puisse être donnée à l'humanité[1] ».

La Commission passa ensuite à l'examen « des différends d'ordre « juridique et, en premier lieu, de ceux relatifs à l'interprétation « de traités existant entre deux ou plusieurs des Etats contractants, « qui viendraient désormais à se produire entre eux, et qui n'au- « raient pu être réglés par voies diplomatiques ».

Les sept premiers numéros passèrent sans trop d'encombre, mais au huitième, une observation de M. le Comte Tornielli arrêta le mouvement. Il s'agissait dans ce huitième alinéa de la « Protection des Œuvres littéraires et artistiques ». M. le Comte Tornielli fit observer que les questions visées dans cet article sont de la compé-

2. *Courrier de la Conf. de la Paix* par William T. Stead, N° 98 (mardi 8 octobre 1907, discours de M. Bourgeois (Princessegracht, 6°, la Haye).

tence de la juridiction nationale et non d'un tribunal d'arbitres. L'objection fut reconnue juste mais, en l'examinant, on s'aperçut qu'elle s'appliquait avec autant de force aux alinéas déjà votés.

Dès lors se posa une série de questions fort compliquées et délicates que la Commission fut impuissante à résoudre.

Dans les litiges entre les sujets et ressortissants des Puissances contractantes, la juridiction de la Cour arbitrale se substituera-t-elle à celle des tribunaux nationaux ou agira-t-elle concurremment ? Jouera-t-elle vis-à-vis des autres juridictions le rôle d'une Cour d'Appel ou d'une Cour de Cassation ?

La Cour d'arbitrage prononcera-t-elle sur le fond du débat ou ne sera-t-elle appelée qu'à donner une interprétation du texte du Traité ? Cette interprétation aura-t-elle force obligatoire ou n'aura-t-elle qu'une autorité doctrinale ? Sera-t-elle, comme la décision du Tribunal à laquelle elle se substituera, bonne seulement pour les parties qui l'auront obtenue, ou aura-t-elle le caractère d'une loi qui s'impose à tous les cas semblables ? Aura-t-elle un effet rétroactif, comme une loi interprétative, ou ne statuera-t-elle que pour l'avenir ? Ces sentences auront-elles le bénéfice de l'exécution parée comme les décisions des tribunaux nationaux, ou auront-elles besoin de l'exequatur ?

On a proposé différents textes pour trancher ces multiples questions. Il faut avouer qu'ils constituaient les logogriphes les plus indéchiffrables qui aient été jamais proposés au désespoir des commentateurs.

Après une discussion aussi longue que confuse, la Commission les a tous rejetés, si bien que le Baron Marschal a très exactement résumé le débat par ces mots : « Je déclare ne plus rien comprendre à ce qui se passe. On a voté une liste des cas à soumettre à « l'arbitrage. Ces cas appartenaient aux tribunaux nationaux. Il y « a donc une situation nouvelle qu'il faut trancher d'une façon ou « d'une autre. Si on supprime les stipulations destinées à y pourvoir, si on ne met rien à la place, c'est le gâchis ».

MM. Renaud et Bourgeois se sont efforcés de rassurer leurs collègues sur les conséquences de ce gâchis. M. Renault leur a dit que « l'arbitrage n'est pas un monstre inconnu qu'il s'agit de museler », et M. Bourgeois leur a affirmé que l'important était de mettre la Cour internationale au-dessus de tous les Pouvoirs Nationaux.

On pourrait répliquer à M Renault qu'il ne s'agit pas de l'arbitrage diplomatique et facultatif qui a été pratiqué de tout temps et dont, par conséquent, les effets sont connus, mais de l'arbitrage judiciaire et obligatoire qui constitue un instrument nouveau et inédit dont on a besoin de connaître le fonctionnement avant de l'adopter.

Il est aussi permis, je pense, de ne pas partager l'enthousiasme de M. Bourgeois à la pensée que les Nations vont abdiquer, tout ou partie, non seulement de leur pouvoir gouvernemental et administratif, mais encore de leur pouvoir judiciaire et législatif entre les mains d'un Parlement cosmopolite, cumulant, par voie d'interprétation souveraine et sans appel, le droit de faire la loi et de l'appliquer.

La question jusqu'ici n'a pas préoccupé l'opinion publique. Mais cela tient à ce que l'opinion, dans sa presque totalité, ignore même qu'elle se pose. Les quelques initiés, qui en ont été avisés, n'y ont vu qu'un casse-tête nouveau pour les avocats et gens de loi.

Si jamais le système Bourgeois passait dans la pratique, l'attitude de l'opinion pourrait changer. Jusqu'ici les peuples ont revendiqué, comme un patrimoine intangible, le droit de n'être gouvernés, administrés et jugés que par des autorités nationales, choisies et acceptées par eux, de n'obéir à d'autres lois qu'à celles votées par leurs mandataires. M. Bourgeois rêve d'un Pouvoir cosmopolite exerçant son autorité sur l'universalité du genre humain et à qui tous les Gouvernements seraient subordonnés. C'est la République universelle et la Fraternité des peuples, mais aussi leur asservissement.

Nos pères ont fait la Révolution pour secouer le joug des Parlements et de leurs arrêts de règlement. Est-ce parce que le Parlement sera cosmopolite au lieu d'être National que leurs petits-fils se soumettront à cette intolérable tyrannie ?

Quoi qu'il en soit, maintenant, le gâchis est créé, il faut en sortir. Ce sera la tâche de la troisième Conférence. Le courant en faveur de l'arbitrage obligatoire et judiciaire va-t-il s'arrêter ou verrons-nous, pièces à pièces et morceaux par morceaux, s'effriter cette indépendance que les peuples ont dépensé tant d'héroïque énergie à conquérir et à défendre.

LE PARLEMENT DE L'HUMANITÉ

Lorsque, le 15 juin 1907, la seconde Conférence de la Paix se réunit, dans la salle des chevaliers, à la Haye, ceux qui, à des titres divers, arborent le drapeau du pacifisme, poussèrent des cris de triomphe. Ces cris de triomphe pouvaient-ils être sincères ? Evidemment non. Si l'on considère la conception que tous les peuples, représentés à la Haye, se faisaient du but et de la raison d'être de cette agglomération hétérogène de diplomates de toutes les provenances, on est forcé de reconnaître que, dès son début, elle apparaissait comme vouée à un fiasco inévitable.

Il est certain que le but, assigné par la conscience publique à la Conférence de la paix, était le désarmement ou la limitation des armements. Chacun comprenait, en effet, que, si elle arrivait à mettre un cran d'arrêt dans cette course folle à l'accroissement des dépenses militaires, elle éloignait indéfiniment le péril de la guerre ; si, au contraire, le flot continuait à monter, la paix, à une échéance indéterminée, mais qui ne pouvait être indéfiniment ajournée, serait fatalement menacée. Toutes les combinaisons d'arbitrage les plus ingénieusement agencées, feraient tout juste l'effet d'un cautère sur une jambe de bois, quand les peuples seraient acculés à cette extrémité ou de faire la guerre pour piller un voisin plus faible et combler le déficit de leur trésor épuisé, ou de faire banqueroute.

Or, au moment où la Conférence s'est réunie, ce n'était un mystère pour personne, non seulement dans les chancelleries, et dans les cercles diplomatiques, mais dans le monde entier, qu'en vertu d'un accord intervenu entre les grandes Puissances militaires, la question qui, jusqu'alors, avait paru d'une actualité telle qu'elle avait motivé la réunion de la Conférence, non seulement ne serait pas débattue mais ne serait même pas posée. Tout au plus fut-il permis à l'Assemblée, réunie à la Haye, d'émettre un vœu sous la forme anodine « il serait hautement désirable » que les Gouvernements daignassent, dans leurs moments de loisir, s'occuper du problème. Après l'émission de ce souhait tout platonique, la Conférence, dite de la paix, aurait pu se dissoudre, car en ce qui touche les intérêts mêmes de la paix, il ne lui restait plus rien à faire, son rôle était épuisé. Si elle ne s'est pas séparée, c'est que la paix n'était qu'un prétexte et qu'en réalité ses chefs poursuivaient un autre but.

La Conférence, pour ses travaux, s'est partagée entre quatre commissions : la commission de l'arbitrage, celle de la guerre sur terre, celle de la guerre sur mer et celle du droit maritime.... Les trois dernières commissions n'avaient à s'occuper que de déterminer les droits et les devoirs des belligérants et des neutres, depuis l'ouverture jusqu'à la clôture des hostilités. Il ne rentrait donc en rien dans leurs attributions de prévenir l'éclosion de la guerre, le rôle de défenseur et de gardien de la paix était exclusivement dévolu à la première commission dite de l'arbitrage. Nous allons voir comment elle l'a compris, si elle ne s'est pas laissée entraîner en dehors de sa mission, si au lieu de faire de la diplomatie, elle n'a pas tenté de faire de la législation et d'imposer à l'univers sa conception de l'avenir des peuples.

Dans son discours de clôture des travaux de la Conférence, le Président, M. de Nélidoff, s'est exprimé en termes brefs et peu flatteurs sur le résultat des travaux de la première commission. « Les importants projets qui ont été présentés à la première commission pour l'institution d'un Tribunal de Justice arbitrale et l'arbitrage obligatoire étaient issus de combinaisons théoriques qui se sont heurtées, dans l'éxécution, à des difficultés insurmontables ».

Cette appréciation était très exacte. Mais ce que M. de Nélidoff n'a pas dit et ce qu'il est pourtant indispensable d'ajouter, si l'on veut se rendre un compte complet de la physionomie des travaux de la Conférence et de l'état dans lequel ils ont laissé les graves problèmes, qui ont été posés devant elle et dont elle a abordé la discussion ; c'est que, si les combinaisons théoriques, dénoncées par le délégué Russe, n'ont pas été traduites dans des textes conventionnels sanctionnés par les votes du Congrès, ce fait est dû à la force des choses, non à la sagesse des hommes. Les ardentes rivalités, qui se sont manifestées entre l'ancien et le Nouveau Monde et, au sein de l'ancien Monde, entre l'Europe et l'Asie, comme au sein du Nouveau Monde, entre l'Amérique du Nord et l'Amérique du Sud, entre le Brésil et les Etats-Unis, sont venues réveiller des sentiments patriotiques, qui semblaient singulièrement assoupis dans ce cénacle de cosmopolites. Aucune voix autorisée ne s'est élevée de ces bancs où siégeaient les représentants les plus éminents de ces grandes Nations Européennes qui, par leur intérêt vital comme par leur histoire, sont obligées de se constituer les gardiennes des saines traditions, des règles éternelles du droit, des principes supérieurs de la raison, suprêmes refuges contre les sophismes perpétuels des passions sectaires. Aucune n'a pris corps à corps ces combinaisons théoriques qui, de l'aveu de M. de Nélidoff, soulèvent, dans l'exécution, des difficultés insurmontables, pour les attaquer, dans leurs origines et dans leurs conséquences, à visage découvert et sans ménagement, pour démontrer que leurs protagonistes ne visent à rien moins qu'à ruiner la souveraineté et l'indépendance des Nations et, par suite, leur existence même ; pour démasquer enfin le plan Judéo-maçonnique tendant à convertir une réunion de diplomates, uniquement chargée de préparer, par les voies diplomatiques, l'aplanissement des conflits entre les peuples, en un Parlement de l'humanité en possession du droit de jeter le fondement et de poser la pierre angulaire d'une législation et d'une justice mondiales.

Sans doute, M. Beernaert, président de la Délégation belge, avec l'autorité qui s'attache à sa science consommée de jurisconsulte comme à son expérience d'homme d'Etat, a déclaré : « Il faut, à « mon sens, écarter comme une redoutable utopie le rêve d'un Etat « mondial, d'une Fédération universelle, d'un Parlement unique, « d'une Cour de Justice supérieure aux Nations. Un tribunal inter- « national ne peut être qu'un collège d'arbitres... »

Mais il s'est borné à la simple émission d'une opinion personnelle, insuffisante pour convaincre les indécis et confondre les adversaires de sa thèse, et il s'est contenté, dans la suite de son argumentation, de démontrer qu'à des magistrats inamovibles, il fallait, dans les litiges internationaux, préférer des juges élus, à une juridiction permanente, une juridiction émanée du choix des parties en vue de chaque affaire déterminée.

Sans doute aussi le baron Marschall von Biebentein, premier délégué de l'Empire d'Allemagne, s'est ingénié à grouper, autour de lui, parmi les Etats secondaires de l'Europe, un noyau d'opposition assez compact pour rester, au besoin, maître de la situation. Il a fait manœuvrer ses troupes avec dextérité, à l'effet de couper la route aux propositions trop dangereuses pour l'ordre international établi. Par les brusques saillies de son bon sens pratique, il a, plus d'une fois, culbuté des châteaux de cartes qui manquaient de base juridique. Mais il s'est laissé entraîner par une préoccupation trop constante de montrer une Allemagne, aussi libérale si non plus libérale que la France; un Président de la Délégation allemande, aussi avancé si non plus avancé dans ses conceptions que le Président de la Délégation française. Quand M. Bourgeois enfourchait son dada de l'arbitrage obligatoire sans restriction, M. Marschall s'en déclarait partisan autant et plus que lui et affirmait que, plus que lui, il en saurait multiplier les cas d'application. Mais, dans le discours de M. Bourgeois, il s'agissait de l'arbitrage obligatoire mondial, dans le discours de M. Marschall, il s'agissait de l'arbitrage obligatoire individuel.

Il est certain que les nations, de même qu'elles peuvent confier à des plénipotentiaires la faculté de fixer leurs droits par telle ou telle convention précisée, sont libres de remettre à des arbitres, choisis par elle, le pouvoir de trancher tels ou tels litiges d'une catégorie préalablement spécifiée. Mais, s'engager, par un contrat mondial, à faire décider par des juges, désignés par une loi mondiale, tous les différends nés ou à naître, quelles que soient les parties en instance, cela elles ne le peuvent pas, sous peine d'abdiquer leur souveraineté et, avec elle, leur raison d'être, sous peine de se suicider.

Quand M. Bourgeois parlait de la création immédiate d'une Cour permanente de Justice internationale, M. Marschall lui répondait en excluant la possibilité de la constitution actuelle d'une telle juridiction, mais en proposant, pour un avenir indéterminé, la création d'une Cour de Cassation mondiale.

En dépit de toutes ces précautions, M. le Baron Marschall von Biebenstein n'en a pas moins été rudement pris à partie par les pacifistes, gens exigeants, qui, se croyant maîtres de la situation, étaient peu enclins à se contenter de paroles quelque mielleuses qu'elles puissent être. Aurait-il été plus maltraité, si franchement, dès le début, avec son robuste bon sens et sa science, il avait battu en brèche le système de M. Bourgeois, en montrant son caractère irréalisable et en avait débarrassé le terrain de l'arbitrage, j'en doute. En tout cas, il aurait rendu un signalé service et au Congrès de 1907 et à ceux qui lui succéderont, s'il doit avoir des successeurs.

Le malheur, en effet, est que la Conférence de 1907 s'est séparée, après avoir constaté son impuissance à constituer l'arbitrage obligatoire mondial et la Cour permanente de Justice, mais sans loyalement avouer les causes radicales de cette impuissance. Elle n'a pas dit, avec franchise, comme son Président M. de Nélidoff que « le « Tribunal permanent de Justice arbitrale et l'arbitrage obligatoire « sont issus de combinaisons théoriques qui se heurtent, dans l'exé- « cution, à des difficultés insurmontables ». Elle n'a pas répété, après M. Beernaert, que « les sophistes qui rêvent de fonder, sur « ces deux chimères irréalisables, un Etat mondial, une Fédération « universelle et un Parlement unique sont les plus dangereux des « utopistes ».

Tout au contraire, elle s'est efforcée de faire croire au public, qui suivait attentivement ses travaux et qui en attendait avec anxiété le dénouement, qu'elle avait apporté les matériaux à pied d'œuvre et qu'il ne restait plus à la Conférence prochaine qu'un dernier effort, à accomplir pour doter la solidarité humaine de sa législation, de sa justice et de son administration universelles.

En tête du procès-verbal de clôture de ses travaux, elle émet tout d'abord le vœu que « les Puissances signataires adoptent le « projet, annexé audit procès-verbal, de convention pour l'établis- « sement d'une Cour permanente de Justice arbitrale et sa mise en « vigueur dès qu'un accord sera intervenu sur le choix des juges et « la constitution de la Cour » ; c'est-à-dire, pour exposer la diffi- culté avec sincérité, dès que l'on aura découvert le secret de constituer un corps de judicature où toutes les Puissances indépendantes siégeront sur un pied d'égalité absolue en vertu du principe d'égalité inhérent au principe de souveraineté et, en même temps, sur un pied d'inégalité non moins absolu, à raison de la disproportion incommensurable d'intérêts qui existe entre l'Empire de toutes les Russies et la République de Panama, entre la Ré- publique des Etats-Unis et le Royaume de Monténégro.

Dans ce même acte final, la Conférence déclare qu'elle est unanime :

« 1° A reconnaître le principe de l'arbitrage obligatoire ;

« 2° A affirmer que certains différends, et notamment ceux rela- « tifs à l'interprétation et à l'application des stipulations conven- « tionnelles internationales, sont susceptibles d'être soumis à « l'arbitrage obligatoire sans aucune restriction ».

Cette déclaration contient une équivoque, qu'il importe de dissiper, dans une matière qui a déjà donné naissance à trop de dangereuses illusions.

Oui, la Conférence a admis le principe de l'arbitrage oblitatoire, oui elle l'a admis, dans certaines espèces limitativement déterminées, sans la restriction de style pour les questions intéressant l'honneur, l'indépendance et les intérêts vitaux du pays. Mais elle n'a jamais accepté à l'unanimité l'arbitrage obligatoire mondial que la Franc- Maçonnerie a voulu lui imposer. Elle n'a jamais admis que la sup- pression de la clause relative à l'honneur, à l'indépendance, et aux intérêts vitaux, pût avoir lieu sans le consentement exprès des parties en cause.

Un moment, sous la pression de M. le Président Bourgeois, qui attachait à ce point, non sans motif, une importance capitale, par- ce que c'était la brèche ouverte, dans l'indépendance des peuples, brèche par laquelle devait, ensuite, successivement passer toute la constitution de cet Etat mondial, objectif suprême du travail sou- terrain de la Franc-Maçonnerie, une majorité s'est formée, au sein de la première Commission, qui a admis l'arbitrage mondial obli-

gatoire sous réserve dans une huitaine de cas qui lui ont paru tout
à fait insignifiants par eux-mêmes et anodins.

Plus tard, quand la première Commission a voulu faire la révision
de ces huit cas et les soumettre à un examen plus approfondi; elle
s'est aperçue que, même dans ces affaires d'un caractère tout à fait
bénin en apparence et dénuées d'importance, il n'était pas possible
d'établir l'arbitrage mondial sans empiéter sur la compétence du
juge territorial et sur le domaine du législateur national et on les a
abandonnés. Si bien qu'aux treize conventions et à la déclaration,
arrêtées par la Conférence, soumises à la signature des plénipotentiaires et annexées à l'acte final, il a fallu renoncer à joindre une
quinzième convention établissant l'arbitrage obligatoire mondial
et citant un seul cas auquel il fut applicable.

C'est pour dissimuler cet échec éclatant de la conspiration maçonnique contre l'indépendance et la souveraineté des peuples, que
le rédacteur de l'acte final, par une supercherie manifeste, a fait
disparaître de son texte le mot « mondial ».

Il a alors déclaré triomphalement que la Conférence avait été
unanime à reconnaître le principe de l'arbitrage obligatoire, même
de l'arbitrage obligatoire sans restriction aucune.

Mais ce principe avait été unanimement reconnu non seulement
avant la Conférence de 1907, mais encore avant la Conférence de
1899. Il a été reconnu de tous les temps, mais seulement pour l'arbitrage obligatoire individuel.

Jamais il n'a été contesté que telles ou telles Puissances puissent
s'engager vis à vis de telles ou telles autres Puissances à soumettre,
en vertu de compromis arrêtés entre elles, telles ou telles catégories de conflits au jugement d'arbitres dûment choisis par elles, et à
les leur soumettre même sans restriction aucune.

Le principe que la Franc-Maçonnerie voulait faire triompher,
pour lequel elle a combattu, au sein de la Conférence, depuis l'ouverture de ses travaux jusqu'à leur clôture, avec une inlassable énergie et avec une ruse infinie, c'est que les Nations devaient s'engager
à soumettre tous les litiges nés ou à naître, dont la Conférence ou,
pour donner aux choses leur véritable nom, le Parlement mondial
fixerait les catégories, au jugement, non pas d'arbitres choisis par
elles, mais d'une Cour, dont les magistrats seraient nommés par le
Parlement mondial, et prononceraient, conformément à une procédure, un droit et une jurisprudence, établis, non en vertu d'un compromis librement consenti par elles dans chaque espèce, mais en
vertu de lois votées par le Parlement mondial.

Voilà ce que la Franc-Maçonnerie tenait à imposer, parce que
c'était à brève échéance la mort des patries au profit de son idole

l'Humanité.Voilà où elle a échoué et c'est pour dissimuler cet échec que le rédacteur de l'acte final a fait disparaître le mot mondial de l'exposé du résultat des délibérations de la première Commission, alors que c'est précisément sur ce caractère de mondial qu'avait porté tout l'effort desdites délibérations.

Le protocole continue : « La Conférence est unanime enfin à proclamer que, s'il n'a pas été donné de conclure, dès maintenant, une convention en ce sens... » Dans quel sens ? Dans le sens de l'arbitrage obligatoire mondial sans restriction ? Comment, alors, la Conférence, si elle était unanime pour reconnaître ce principe, n'a-t-elle pas été unanime pour le consacrer par une convention et a-t-elle été réduite, en se séparant, à confesser son impuissance de le mettre sur pied. C'est une énigme que le rédacteur se garde bien d'expliquer. Pour en donner le mot, en effet, il lui aurait fallu avouer l'effort risqué par la Franc-Maçonnerie pour faire jouer à une Conférence diplomatique le rôle d'un Parlement législatif de l'humanité et l'avortement de cette tentative.

Il aime mieux se mettre, à quelques lignes de distance, en contradiction manifeste avec lui-même et nier une unanimité qu'il vient d'affirmer : « les divergences d'opinions, ajoute-t-il, en effet, sur ce point, qui se sont manifestées n'ont pas dépassé les limites d'une controverse juridique ». Juge un peu, comme dit le Marseillais, si la Conférence n'avait pas été unanime !

On voit que celui qui tient la plume est habitué aux discussions, dans les Ateliers maçonniques, où facilement on dépasse les limites d'une controverse juridique. Il ignore que, dans les entretiens de diplomates, le cas se présente plus rarement. Il conclut par un compliment aux Puissances représentées à la Haye qui, dans sa pensée, est le plus flatteur pour leur amour propre qu'elles puissent entendre : « En travaillant ensemble ici, pendant quatre mois, toutes les « Puissances du monde, non seulement ont appris à se compren-« dre,à se rapprocher davantage, mais ont dégagé au cours de cette « longue collaboration, un sentiment très élevé du bien commun « de l'humanité ».

Au lieu de cette phraséologie vide, digne d'un Vénérable parlant à sa Loge, il aurait été plus digne de l'Assemblée des diplomates, réunis à la Haye, sur laquelle les peuples avaient fondé tant d'espérances et dont ils attendaient la réponse avec une légitime anxiété, de déclarer sans ambage, qu'au cours des travaux de la Conférence, il avait été reconnu que l'Etat mondial, la Fédération universelle, le Parlement de l'humanité et la justice d'une Cour permanente cosmopolite avaient été reconnus des utopies ; que c'était ailleurs qu'il convenait de rechercher la continuation et la perpétuation de la paix et que le respect de la souveraineté et de l'indépendance des patries en était la première base et l'assise la plus solide.

Le chemin aurait été déblayé d'un tas de chimères qui troublent les imaginations, hantent et détraquent les cerveaux et causent chez les peuples une dangereuse surexcitation. La Conférence aurait ainsi rendu un premier service qui, en dépit de son apparence négative, aurait été un bienfait très appréciable. Au lieu de cela, non seulement elle n'a rien fait, mais elle a laissé les choses dans un état encore plus obscur et embrouillé.

Comment se fait-il qu'une Assemblée, composée de tant d'hommes éminents, ait abouti à d'aussi piètres résultats ?

Une première explication de ce phénomène se trouve dans une interview de la baronne Bertha von Suttner. Cette dame, admiratrice fervente de Roosevelt, figure toujours, comme chacun sait, au premier rang partout où il y a à combattre pour le pacifisme. Pendant la durée du Congrès, elle a pris part à dix-huit conférences et prononcé six discours à la Haye ; elle a parlé à Vienne, à Munich et dans force autres villes. Comme on lui demandait quelle était son impression sur la Conférence et ses Membres : « Ce qui me « frappe, dit-elle, c'est leur obéissance respectueuse aux désirs de « l'opinion publique. S'ils s'opposent à une réforme, c'est parce « qu'ils se sont persuadés que l'opinion publique lui est indiffé- « rente. Si l'opinion publique s'exprimait avec une vigueur appro- « priée, il ne serait rien que la Conférence n'essayât de faire.

« Le fait est que les Délégués ne sont que les aiguilles d'une « montre. Leurs mouvements sont gouvernés par un grand ressort « qui est caché à la vue.

« Quel est ce grand ressort de la Conférence ?

« C'est l'opinion, non pas l'opinion privée des gens. mais l'opi- « nion organisée, l'opinion rendue palpable et même désagréable « à ceux qui s'y opposent. Tel est le maître, et même le Dieu de la « Conférence ».

Cette opinion organisée et tyrannique, la Franc-Maçonnerie n'a rien négligé pour s'en emparer, pour s'assurer le monopole de distribuer le blâme ou l'éloge aux Membres du Congrès, suivant qu'ils obéissaient plus ou moins docilement à ses directions. A cet effet, La Haye a été entourée d'une triple enceinte de journaux et de fils télégraphiques et téléphoniques, d'un triple cordon sanitaire d'informateurs, de rédacteurs, d'intervieweurs, de reporters, dûment stylés dans les Loges, habiles à flatter les vanités, à surexciter les ambitions, à apprivoiser les indécisions et à les mener, par des voies détournées, au but voulu. Il s'agissait de ne laisser filtrer, à travers les mailles de ce triple réseau habilement enchevêtré, aucune nouvelle qui ne fût combinée de manière à faciliter le succès de la cause.

Le résultat était si important, convoité depuis si longtemps ! Il semblait presque à portée de la main. Il ne fallait qu'un dernier effort d'énergie, de prudence et d'astuce. Obliger ces Nationalités, toutes, grandes ou petites, si orgueilleuses de leur indépendance et de leur souveraineté, à fléchir le genou devant cette Humanité dont les Loges font un dieu ; à abandonner tout ou partie de leur autonomie entre les serres du Tribunal de la Maçonnerie cosmopolite.

Un journal fut exprès fondé, intitulé : *Courrier de la Conférence de la Paix*, rédigé par M. William E. Stead avec la collaboration de Mme la Baronne Bertha von Suttner, de MM. Alfred H. Fried, Fréd. Passy, Félix Moscheles, chargé de remplir auprès de la Conférence le rôle de la mouche du coche ou, si vous aimez mieux, du sergent de bataille, allant en chaque endroit, faire avancer ses gens et hâter la victoire.

Voici comment le Rédacteur en Chef, dans son leader article du 18 Octobre 1907, définit le but de la Conférence : « Le grand objec-« tif de la Conférence est la création d'un état mondial... La Fédé-« ration mondiale est inévitable. De même que la disparition de « l'Heptarchie a été inévitable, comme l'ont été l'unification de « l'Italie et la création de l'unité allemande, nous sommes proches « de l'unité politique de notre planète, qui est aussi certaine que « toute autre loi physique..... »

Il apprécie ainsi les résultats de la Conférence : « L'esprit Euro-« péen, en général, y compris celui de la Grande-Bretagne, vient « de commencer à peine à se faire une idée d'une Cour de Justice « internationale et du contraste entre celle-ci et une Cour d'arbi-« trage. Pour les Américains, rien n'est plus simple ou plus naturel « et plus logique que le fait, que le droit souverain des États indé-« pendants soit subordonné à l'autorité suprême. Que cette idée « n'est pas fort familière aux Européens s'explique par le fait, que « l'atmosphère politique est toute autre.

« L'idée qui prédomine en Europe, dans les relations internatio-« nales, est celle de l'anarchie tempérée par la force. En Amérique, « c'est celle de l'idée de la Fédération contrôlée par la loi. Le prin-« cipal effort de la Conférence a été d'essayer d'amener les États « anarchistes de l'Europe à se soumettre au contrôle judiciaire du « système fédéral. *On ne l'a pas dit, mais le fait n'en est pas moins* « *vrai pour cela.... Que l'effort n'ait pas fait naufrage dès le com-* « *mencement est dû à l'intervention extraordinaire et inattendue du* « *Baron Marschall, qui se déclarait partisan de l'arbitrage obliga-*

« *toire et d'une Cour de Cassation internationale*. Lorsque l'Allema-
« gne s'est jointe aux Etats-Unis pour demander l'établissement
« d'une Cour de Justice, comme étant la phase prochaine de l'évo-
« lution naturelle de la Société humaine, il n'a pas été surprenant
« que la Conférence ait pensé qu'elle pouvait bien risquer de consi-
« dérer ce qu'on pourrait faire dans cette direction..... Le contraste
« entre les deux principes opposés, concernant le droit de chaque
« Etat souverain de faire ce qu'il voudrait et lorsqu'il voudrait,
« entrait en collision avec l'autorité préposée d'une Cour centrale,
« pouvait obliger l'Etat à restreindre l'exercice de son droit souve-
« rain, dans les limites déterminées par la loi et interprétées par la
« Cour ».

Ces difficultés, d'après l'auteur de l'article, n'ont pas empêché la
Conférence de se rendre compte que la question de la création
d'une Cour était devenue la question vitale. Mais elle a été arrêtée
par une controverse : « Les chefs qui ont ouvert ces débats ont été
« le Bᵒⁿ Marschall et le Dʳ Barbosa, deux antagonistes dignes l'un de
« l'autre, et préconisant chacun, jusqu'à l'extrême, l'application
« logique de leurs principes opposés. Le Bᵒⁿ Marschall représente
« le principe de la force, dont il s'est fait le champion, et il déclare
« de la façon la plus formelle que les grandes organisations politi-
« ques ont le droit de dominer la Cour suprême, le grand interpré-
« tateur de la loi, l'arbitre de la justice et du droit. En opposition
« à cette doctrine, le Dʳ Barbosa a soulevé l'étendard de l'égalité
« des droits juridiques de tous les Etats souverains ».

En présence d'un choc d'opinions aussi divergentes, la Conférence de la paix a craint de clôturer son acte final par une déclaration de guerre générale.

La difficulté, qui a arrêté les diplomates, n'effraye pas M. Carnegie. Après avoir passé quelques jours à Kiel, comme invité de
l'Empereur d'Allemagne, M. Carnegie est venu à la Haye encoura-
ger de sa présence les travaux du Congrès. Voici, d'après l'*Outlook*
de New-York quelle est, à ses yeux, la solution du problème :

« Il arrive souvent, dit-il, que la manière la plus facile de s'en-
« tendre sur un grand problème est de le traiter courageusement
« comme un tout, d'aller à la racine et de le poser sur des bases
« solides. Je crois que le problème de la paix du monde en est un
« exemple. Les petits détails causent souvent plus d'hostilité dans
« les réunions d'hommes que la discussion des grands principes.
« Je suis convaincu que le premier pas à faire vers la paix uni-
« verselle est la formation d'une Ligue des Nations, semblable à
« celle formée récemment contre la Chine, dans un but spécial qui
« fut accompli avec succès. L'Allemagne, la Grande-Bretagne, la

« France, la Russie, le Japon et nous-mêmes (Etats-Unis) y parti-
« cipaient, sous le commandement d'un général allemand. Si
« l'Empereur d'Allemagne demandait à la Haye, aux puissances, de
« se joindre à lui pour former une telle ligue, je crois qu'un nombre
suffisant d'entre elles le ferait pour assurer la Paix du monde civi-
« lisé sans jamais avoir besoin de recourir à l'ex ercice de la force
« écrasante qui serait à leur disposition ».

C'est l'idée que propage depuis longtemps le journal intitulé les
Etats-Unis d'Europe. Une Confédération Européenne, sous l'égide
de l'Allemagne, dans laquelle la France serait englobée, par une
union douanière, économique à la fois et politique. En dehors du
monde huguenot et maçonnique, la propagande n'a pas eu en
France un grand succès, mais elle a réuni de nombreux adhérents
en Belgique, dans les Pays-Bas, en Danemark, en Roumanie, en
Grèce, en Suisse, etc.

En tout cas, ce ne serait qu'une première étape, d'après
l'auteur de l'article précité du *Courrier de la Conférence*, « l'imagi-
« nation de l'humanité vient d'être saisie de l'idée de la possibilité
« de créer une Haute Cour de Justice internationale, embrassant le
« monde entier, basée sur le libre consentement de tous les Etats
« souverains, qui composent l'humanité. Son devoir est de donner
« une forme tangible à cette conception !! ».

Un mouvement de solidarité humaine de cette envergure ne pouvait s'arrêter aux confins du temporel, il devait envahir le spirituel.
Il n'y a pas manqué. A en croire le *Courrier de la Conférence*,
« l'Eglise idéale de toutes les religions et de toutes les philoso-
phies est la même ». Aussi, à la Haye, s'étaient donné rendez-vous
les propagandistes les plus achalandés de toutes les sectes philoso-
phiques ou confessionnelles. Comme, dans une foire, on voit s'as-
sembler et s'exhiber toutes les anomalies, toutes les bizarreries,
toutes les monstruosités de la nature physique, dans la ville, où
siégeait la Conférence, s'étaient donné rendez-vous toutes les illusions, toutes les chimères, toutes les utopies plus ou moins malsai-
nes qui, depuis sa naissance, tourmentent l'humanité, la font sans
cesse dévier du droit chemin du progrès et l'égarent dans les sen-
tiers de la Révolution incessante, provoquée par de perpétuelles
déceptions.

En première ligne, apparaissait Max-Nordau et ses sionistes, qui
proclamait hautement que la Conférence ne serait qu'une farce et la
plus méprisable des comédies, tant qu'elle n'aurait pas rendu à la
race, la plus illustre dans le passé, la plus puissante dans le présent,
le privilège et les prérogatives de la souveraineté auxquels elle a
droit.

Il y avait Mlle Vreede et ses Théosophes. Mlle Vreede est venue expliquer les relations qu'il y a entre la Théosophie et l'internationalisme. La Théosophie est la nouvelle découverte ou plutôt la proclamation réitérée de la sagesse appartenant à tous les sages et à toutes les religions..

La Théosophie a créé une ligue fraternelle internationale, dont les branches sont répandues dans le monde entier. Aux Indes, le colonel Olcott a achevé de grandes choses en amenant des races hostiles et des nations rivales à reconnaître qu'en effet, elles ne forment qu'une unité essentielle.

Avant tout, la Théosophie nous a appris que la loi fondamentale de la nature c'est la fraternité et que l'amour, et non pas l'antagonisme, est la loi de notre existence.

Ce qui étonne le lecteur, quand il parcourt la nomenclature des Sectes Maçonniques, qui ont envoyé leurs délégués pour peser directement ou indirectement sur les délibérations des diplomates, c'est qu'aucune ne déploie plus l'étendard de l'athéisme, de l'incrédulité, du matérialisme; non, elles se disent toutes, déistes, idéalistes, spiritualistes et surtout chrétiennes.

Nous voyons une alliance spiritualiste, une union idéaliste universelle, un occultisme chrétien, un réveil néognostique chrétien, un illuminisme idéaliste chrétien, etc., etc.

C'est que chacun sait que, sans l'initiative du Président Roosewelt, en 1904, il n'y aurait pas eu de conférence à la Haye en 1907 et que l'Empereur de Russie n'a joué qu'un rôle secondaire et purement protocolaire.

Le 13 septembre 1904, l'union interparlementaire, réunie sur le sol américain, à Saint-Louis, sous la présidence d'un Américain, M. Bartholdi, a voté à l'unanimité une résolution, proposée par M. Burton, un membre du Congrès américain, tendant à inviter le Président des Etats-Unis à convoquer une Conférence internationale, afin de compléter l'œuvre de la première Conférence de la Haye et de donner suite à ses résolutions.

Le 24 septembre 1904 cette résolution a été transmise au Président à la White House à Washington. M. Roosewelt a répondu : « Conformément à vos résolutions, je vais m'empresser de convier les autres Nations à une deuxième Conférence à la Haye ».

Le 31 octobre 1912, M. le secrétaire Root a invité les Gouvernements à assister à une deuxième Conférence à la Haye et il en a tracé le programme. A ce moment, les péripéties angoissantes de sa guerre avec le Japon paralysaient la Russie. Pendant plus d'un an, elle s'est désintéressée de la question.

Plus tard, le tzar chargea son ambassadeur, le Baron de Rosen

de demander au Président des Etats-Unis s'il consentirait à annuler
ses convocations de l'année précédente et à céder, par courtoisie,
à la Russie, l'honneur de convoquer pour la seconde Conférence de
la Haye, comme elle avait lancé les invitations pour la première.
M. Roosewelt accepta, par pure condescendance pour la personne
de Nicolas II, il y mit seulement cette condition que le Congrès
serait ajourné afin de permettre à la Conférence pan-américaine de
se réunir à Rio.

Il était donc avéré pour tout le monde, à la Haye, que le tzar
n'avait joué, dans cette affaire, qu'un rôle de parade, que Roosewelt, qui avait proposé la réunion, qui en avait rédigé le programme, qui en avait désigné le siège et déterminé l'époque, en était
l'initiateur, le promoteur, l'inspirateur et le guide. Mais il était non
moins certain que Roosewelt, dans cette affaire, n'avait pas agi
spontanément, mais comme docile instrument des grands juifs qui
ont fait son élection, et des Loges Maçonniques.

Aux Etats-Unis, les Loges sont plus puissantes peut-être encore
qu'en France. Arthur Preuss a pu écrire, à bon droit, en tête de
son introduction à l'*Etude de la Franc-Maçonnerie Américaine* que :
« parmi les influences diverses qui travaillent sans cesse à former
« les idées américaines et à modeler le caractère américain, l'in-
« fluence maçonnique occupe, sans conteste, de beaucoup le rôle
« le plus important. Ses principes sont propagés par le monde, par
« notre presse quotidienne ; ses travaux pour l'humanité sont le
« thème constant de nos discours et de nos écrits ; ses membres
« composent la majeure partie de nos législateurs, de nos juges,
« de nos gouvernants, même les présidents de notre République
« tiennent à honneur de figurer dans ses rangs. Les éducateurs de
« notre jeunesse, à l'école et à l'université, sont, pour la plupart,
« ses adhérents et encouragent, chez leurs élèves, des associations
« qui singent ses méthodes et ses mystères. Ainsi, ils préparent la
« jeunesse à devenir, dans le cours de sa vie, son ardente zélatrice.
« Pour couronner le tout, les ministres et évêques protestants sont
« ses initiés, se font ses avocats, de sorte que, souvent, les pierres
« angulaires non seulement de nos édifices publics, mais même des
« églises protestantes sont posées par les dignitaires des Loges et
« consacrées par leurs mystiques rites. Nier son influence sur nous,
« c'est nier un fait plus clair que la lumière du soleil ».

Pour le Franc-Maçon Yankee, la constitution des Etats-Unis est
la réalisation d'un idéal prédestiné à trouver son accomplissement
intégral dans une fédération de la race humaine entière.

Quelle définition peut-on donner de la Conférence de la Haye,
suivant lui ? C'est le groupement encore chaotique des Nations, se

trouvant dans l'obscurité et, au milieu des ombres de la mort, se
tournant vers la lumière qui luit, depuis un siècle, au grand phare
de la Constitution Américaine.

Aux politiciens de la Conférence de préparer, avec une intrépidité
résolue, la fédération du monde. L'Amérique leur a montré le chemin. Ils n'ont qu'à se rendre compte du but vers lequel le monde
s'est mis en marche pour trouver dans l'exemple et l'expérience de
l'Amérique, la carte et la boussole au moyen desquelles ils pourront
piloter l'humanité dans le port de destination. Ils devront donner
à la haute Cour d'arbitrage le caractère de la Cour suprême de
Washington. Ils devront organiser des réunions périodiques de la
Conférence de la Haye jusqu'au moment où celle-ci aura acquis la
forme et l'autorité d'un Congrès du monde.

Mais la Franc-Maçonnerie Américaine est déiste et piétiste. Elle
n'admet pas d'athées dans son sein. Elle ne veut pas seulement que
l'humanité n'ait qu'un Gouvernement, qu'un Parlement et qu'une
Cour de Justice, elle veut aussi qu'elle ait une Eglise universelle qui
sera une fédération de toutes les religions, comprenant essentiellement toutes les confessions chrétiennes et juives, n'excluant à pro-
prement parler que le papisme et peut-être l'idolâtrie.

Quant à la haine du papisme, elle était rassurée à l'avance, elle
savait qu'elle trouverait dans les Loges Françaises une passion aussi
acharnée que celle qui l'animait elle-même. D'ailleurs, à cet égard,
n'avait-elle pas déjà reçu pour le passé, ne lui avait-on pas encore
offert pour l'avenir, toutes les garanties ?

Non seulement le Souverain Pontife avait été systématiquement
exclu de la liste des souverains conviés soit à la première, soit à la
seconde Conférence de la Paix, mais l'aveuglement de la rage anti-
papale était allé beaucoup plus loin.

Lorsque la première Conférence de la Haye eut terminé ses travaux en 1899 et rédigé son acte final, une question des plus impor-
tantes s'éleva et retarda de deux jours la réunion de clôture. La
convention, conclue à cette Conférence, devrait-elle être fermée ou
ouverte. Une convention ouverte est celle à laquelle peuvent adhérer les Puissances non représentées à la Conférence. Une convention
fermée est celle qui se limite aux signataires originaux.

La raison, la logique, l'équité commandaient que la convention
restât ouverte. Quel était en effet son but, offrir aux Nations adhé-
rentes un procédé facile pour régler, par la voie de l'arbitrage, des
différends qui auraient pu dégénérer en conflits armés. Donc les
préceptes les plus élémentaires de l'humanité exigeaient que l'accès
le plus large fût ouvert à tous ceux qui désireraient bénéficier des
dispositions nouvelles. La Franc-Maçonnerie s'y opposa pour em-

pêcher que le Pape ne la signât. Elle n'avait pas voulu qu'il pût assister à la réunion, elle ne voulut pas qu'il pût adhérer à la Convention.

La même difficulté devait nécessairement se représenter en 1907. Elle fut encore réglée à la satisfaction de la Maçonnerie. La latitude fut laissée aux non-signataires d'adhérer aux conventions ayant trait à la guerre, mais on leur ferma la porte du Règlement pacifique. Le Pape était encore évincé.

Sur ce point, les Loges avaient donc obtenu leurs apaisements. Elles avaient fait exclure le Gouvernement Pontifical de la fédération mondiale des gouvernements, comme elles avaient exclu la religion catholique de l'Eglise universelle. Elles avaient excommunié le catholicisme de la communion des peuples, comme de la communion des confessions religieuses.

Mais il restait encore un point irritant. Les Maçons Français affichent l'athéisme. Ils professent le même mépris pour l'Ancien et pour le Nouveau Testament, pour la Bible et pour l'Evangile. Les Maçons des pays de langue anglaise appartiennent en presque unanimité à des sectes religieuses, dont ils se montrent les fervents adeptes et pour lesquelles ils professent le plus grand respect. Comment faire collaborer efficacement, dans un esprit d'étroite union, des gens partis de principes si opposés, imbus de préjugés si contraires et entraînés vers des tendances si divergentes?

Cependant il fallait aboutir. Il fallait ne pas laisser s'échapper une occasion, peut-être unique et destinée à ne plus se représenter jamais, de jeter les premières assises du Parlement de l'humanité, de la Cour de Justice mondiale et de la Fédération universelle, rêves caressés dans tous les Ateliers depuis qu'il y a des Ateliers maçonniques dans le monde. Pour le bien de la cause, les Francs-Maçons Français résolurent de modérer l'intransigeance de leurs doctrines et d'atténuer les excès de leur libre pensée. Ce ne serait pas la peine d'appartenir à une société secrète si l'on était incapable de cacher ses opinions et de dissimuler ses convictions. Pour pouvoir fraterniser avec les Maçons d'Amérique et d'Angleterre, ils se décidèrent à mettre un faux nez chrétien. L'athéisme se métamorphosa en déisme, le matérialisme en spiritualisme, le scepticisme en idéalisme, le luciférisme en mysticisme. On vit pulluler des gnostiques, des martinistes, des illuministes, des cabalistes, des hermétistes, tous également chrétiens.

Alors des rives de la Grande-Bretagne et des rives de l'Amérique, on vit s'embarquer de longues théories de Ministres protestants et de Rabbins se qualifiant de délégués des Eglises, portant des adresses revêtues de signatures d'évêques Anglicans, de grands Rabbins et de représentants d'à peu près toutes les autres *communautés religieuses*, exception faite pour les catholiques. Ils venaient saluer le Parlement de l'humanité et lui porter leurs vœux pour l'organisation du pouvoir temporel du monde chrétien.

Cependant, dès que la Conférence se mit à l'œuvre, il y eut plus d'une désillusion.

Les yeux étaient fixés sur le Nouveau Monde. On s'attendait à ce que par la hardiesse de ses propositions, il allait entraîner l'ancien et que, lui offrant l'exemple de la Grande République des Etats-Unis et de sa Cour suprême, il allait le déterminer à renier le chaos anarchique de ces patries autonomes, sans lien, sans subordination aux règles immuables de l'éternelle justice, pour adopter le régime organique de la fédération des peuples sous une loi, sous une juridiction suprême.

Il fallut en rabattre et de beaucoup.

Le projet des Etats-Unis admettait bien la création d'une Cour permanente d'arbitrage siégeant à la Haye. Il admettait également qu'un arrangement général, décrétant de soumettre à l'arbitrage toutes questions secondaires, forme une partie du *Règlement pacifique,* qui deviendrait par cela un traité général d'arbitrage obligatoire.

Mais ces concessions au courant Maçonnique étaient entourées de bien des restrictions.

D'abord en 1907, comme en 1899, les Etats-Unis ont fait *précéder* leur adhésion à la Convention pour le Réglement Pacifique des Conflits Internationaux, de la réserve suivante :

« Rien de ce qui est contenu dans cette Convention ne peut être
« interprété de façon à obliger les Etats-Unis d'Amérique à se
« départir de leur politique traditionnelle, en vertu de laquelle ils
« s'abstiennent d'intervenir, de s'ingérer ou de s'immiscer dans les
« questions politiques ou dans la politique ou dans l'administration
« intérieure d'aucun Etat étranger. Il est bien entendu également
« que rien dans la Convention ne pourra être interprété comme
« impliquant un abandon par les Etats-Unis d'Amérique de leur
« attitude traditionnelle à l'égard des questions purement améri
« caines ».

Voilà qui me paraît plus particulariste qu'humanitaire.

Les Etats-Unis admettent l'arbitrage obligatoire. Mais il faut reconnaître que le mot « obligatoire » a, au moins en matière de *droit* international, un autre sens pour eux que pour nous.

Pour que l'arbitrage soit obligatoire il faut, d'après la proposition américaine, que les trois conditions suivantes interviennent simultanément :

1° Que les deux Puissances en contestation reconnaissent également l'une et l'autre que le litige ne porte que sur l'interprétation d'une loi ou d'un traité préexistant.

2° Qu'elles soient aussi d'accord, pour déclarer qu'il ne touche ni aux intérêts vitaux, ni à l'indépendance, ni à l'honneur des deux Etats contractants et qu'il ne concerne point les intérêts des tiers.

3° Que, dans chaque cas particulier, les hautes parties contractantes, avant d'en référer à la Cour permanente d'arbitrage, rédigent un protocole ou compromis spécial, déterminant distinctement l'objet du différend et les pouvoirs des arbitres et fixant également le moment où le tribunal se réunira et les termes de la procédure. Ce protocole devra être ratifié d'après les lois ou coutumes des pays respectifs.

Ces trois conditions sont également toutes les trois des conditions potestatives. Or toute condition potestative a pour conséquence de vicier le contrat et de rendre nulles les obligations qu'il contient.

C'est, du reste, ainsi que les Etats-Unis le comprennent : « Dans la « grande République, ainsi que le faisait observer un délégué, l'ar- « bitrage n'est obligatoire que quand le Sénat le veut. Mais une « obligation qui peut être rendue nulle et de nul effet quand l'une « des parties en jeu s'oppose à remplir ses obligations ne saurait « être une obligation dans le sens réel du mot. On peut dire la « même chose de toute obligation à laquelle il est possible de se « soustraire en citant une formule soigneusement prescrite à « l'avance et d'efficacité explicitement déclarée dans l'instrument « même qui est censé légaliser l'arbitrage obligatoire. Quelle serait « la valeur d'un accord entre particuliers disant qu'ils s'astreignent « à toujours payer leurs comptes, excepté dans les cas où il leur « plairait de dire que le paiement touchait à leur honneur ou à leurs « intérêts vitaux, à l'intégrité de leurs possessions ou à leurs arran- « gements domestiques. C'est exactement la valeur des projets de « soi-disant arbitrage obligatoire qui sont maintenant mis sous les « yeux de la Conférence par les délégués de l'Amérique du Nord.
« De plus la stipulation d'obligation, quelle que soit la solennité « des termes du traité, est rendue absolument frustatoire par ce « seul fait que tout arbitrage doit être précédé d'un compromis « approuvé par le Sénat et que le Sénat est toujours libre de refu- « ser son approbation. C'est ainsi qu'en 1904, le Sénat a fait avor- « ter le traité anglo-américain et neuf autres ».

Dans la séance plénière de la première Commission du 8 octobre 1907, M. Kapos Merey, délégué Autrichien, a posé une question fort précise à la délégation américaine. Il y a quelques années, l'Autriche-Hongrie avait conclu et ratifié un traité d'arbitrage avec le Gouvernement des Etats-Unis. Après quelque temps, ce Gouvernement a demandé de considérer ce traité comme nul et non avenu, puisque le Sénat l'avait repoussé. « Est-ce que les Américains « pourraient expliquer comment on éviterait une répétition de ce « fait ? »

M. Scott, délégué Yankee, a répondu qu'il était profondément touché de la leçon que M. Kapos-Merey avait bien voulu lui faire sur les pouvoirs constitutionnels du Sénat aux Etats-Unis.

M. Kapos Merey a prié la Commission de constater qu'il avait demandé une explication sans la recevoir. Cependant cette explication était nécessaire car, avant de conclure un traité mondial d'arbitrage obligatoire, il fallait savoir comment on pourrait éviter qu'à l'occasion du compromis devant précéder l'arbitrage sur chaque affaire, une des Puissances signataires ne pût déclarer qu'elle considérait le traité comme nul et non avenu.

M. Scott a riposté « que la Conférence n'était pas l'endroit pour « fournir des explications au sujet de la politique internationale « des Etats-Unis ».

Ainsi il devenait évident qu'après avoir proclamé, avec tant d'emphase, qu'elle conviait toutes les Nations à réformer leur constitution pour la modeler sur la sienne, la grande République se refusait à y introduire une modification indispensable pour établir cet arbitrage mondial obligatoire, premier pas vers le rapprochement et la fusion des Nations. Elle voulait que les peuples prennent des engagements vis-à-vis d'elle, mais elle prétendait demeurer libre de tout engagement vis à vis d'eux.

Les espoirs fondés sur l'Amérique du Nord s'évanouirent devant cette épreuve décisive. Les regards se retournèrent alors vers l'Amérique du Sud et vers M. Ruy Barbosa, chef incontesté des délégations de cette partie du monde. A peine débarqué à la Haye, M. Ruy Barbosa avait été proclamé le Président d'honneur de la première Commission, comme le premier Dreyfusard des deux hémisphères. C'est dire toute la confiance qu'a priori il avait inspirée.

Nouvelle désillusion. Il se trouva que le premier délégué Brésilien pouvait bien être Dreyfusard pour la France, mais que, pour le Brésil, sa patrie, il était un nationaliste intransigeant.

Le projet présenté par M. le Dr Ruy Barbosa, au nom de la délégation Brésilienne, en sus des réserves relatives à l'indépendance nationale, à l'intégrité du territoire et aux intérêts vitaux, en faisait figurer d'autres concernant les institutions et les lois internes des Etats ainsi que les intérêts des tierces Puissances.

Sur l'observation de M. de Martens que le projet Brésilien était conçu dans des termes si restrictifs qu'il excluait la plupart des questions qui ont fait l'objet des cinquante-cinq sentences arbitrales rendues au cours du XIXᵉ siècle, il fut rejeté sans discussion.

De plus, le Dʳ Barbosa s'est prononcé contre la création d'une Cour permanente de Justice internationale. Il s'est expliqué sur ce point avec une netteté et une précision que nous ne trouvons dans les discours d'aucun de ses collègues et son argumentation, restée irréfutée et irréfutable, mérite d'être retenue.

« La troisième édition, dit-il, du projet anglo-germano-américain
« maintient à la nouvelle institution, le nom de Cour Internationale
« de Justice. A ce propos notre honorable collègue s'est reporté,
« en des termes assez bienveillants, aux observations que j'ai faites
« dans une autre séance.

« Certainement je ne les ai pas oubliées, d'autant plus que, si ma
« mémoire ne me trahit pas, (et je suis bien sûr de son exactitude),
« le principal auteur du projet a consenti à une transaction sur ce
« point, en nous disant qu'il renonçait au nom de baptême de sa
« progéniture.

« Je ne sais pas pourquoi on n'a pas accepté cette concession.
« Car ce n'était pas du choix d'un nom baptismal qu'il s'agissait,
« mais d'une question juridique sur l'usage d'un nom illégitime.
« Et on a pu le constater bientôt, lorsque l'on a discuté, peu après
« l'exigence du compromis. Est-ce que le compromis n'est pas un
« caractère spécifique de l'arbitrage? Eh bien ! D'après ce qui se
« voit dans le projet, on remplacerait l'idée d'arbitrage par celle de
« justice, en y associant l'institution arbitrale du compromis. Voilà
« en quoi consiste le caractère hybride du système du projet.

« Dans le but de le défendre, Sir Edward Fry vient de nous dire:
« l'arbitrage et la justice ne sont qu'une seule chose: ce n'est que
« la justice seule que nous cherchons dans l'arbitrage.

« Oui, Messieurs, justice et arbitrage se confondent, en dernière
« analyse, dans la même idée : celle de la reconnaissance du droit
« entre deux prétentions qui se contredisent. Les arbitres jugent, ils
« distribuent la justice; leurs décisions ont le nom de sentence. Ce
« sont là des notions élémentaires. Tout le monde s'en rend compte.

« Malgré cela, néanmoins, il y a juridiquement entre la magis-
« trature judiciaire et la magistrature arbitrale une distinction telle
« que l'on ne pourra jamais les confondre, sans porter l'incertitude
« et le trouble au sein des principes les plus nécessaires à l'organi-
« sation de la justice et au régime de la procédure.

« Voyez les lois de tous les pays. Elles consacrent la justice. Elles
« autorisent l'arbitrage. Les deux institutions vivent l'une à côté de

« l'autre, en s'entr'aidant, en se remplaçant, en s'entrelaçant quel-
« quefois, mais sans se détruire ni se mêler jamais. Ce qui prouve
« leur diversité irréductible et, en même temps, leur parallélisme
« nécessaire; car s'il y avait entre elles une identité substantielle, ce
« contact aurait fini par les confondre et la pratique universelle ne
« se serait pas attachée, pendant des dizaines de siècles, à l'inutilité
« de ce double emploi.

« Donc, la justice et l'arbitrage sont tous les deux indispensa-
« bles. Ils ont chacun sa légitimité, sa fonction et son caractère.
« En quoi divergent-ils ? D'abord quant à la source d'où ils pro-
« viennent, ensuite quant à l'élément social qui les nourrit, enfin
« quant à la forme juridique qu'ils revêtent.

« La forme juridique est permanente et inaltérable pour la
« justice. C'est la loi qui l'établit. Pour l'arbitrage, la forme juri-
« dique est variable et occasionnelle. C'est l'accord des parties
« qui en décide. La justice émane de la souveraineté et s'impose à
« l'obéissance. Ses organes sont créés par le pouvoir. Les parties
« n'ont qu'à s'y soumettre. L'arbitrage, au contraire, dérive de la
« liberté, est l'œuvre d'une convention, il n'a d'autre autorité que
« celle admise par les contractants, et leurs magistrats, sont ceux
« qu'ils élisent volontairement. Voilà pourquoi, si la forme judi-
« claire de la justice est préférable à l'égard des rapports entre les
« individus, *la forme arbitrale est la seule applicable entre les*
« *Nations. Celles-ci ne se soumettent qu'aux autorités qu'elles se*
« *donnent* ».

« Substituer, pour elles, la justice à l'arbitrage, ce serait rem-
« placer l'assentiment volontaire par la contrainte. On aurait créé
« de la sorte le pouvoir judiciaire international. Un pas en avant
« et l'on établirait l'exécutif international, en attendant que l'on
« arrive à une législation universelle. Ce serait la constitution des
« Etats-Unis du globe.

« Mais toute constitution implique une souveraineté au-dessus
« de ceux qui se soumettent à ses lois. Si vous constituez des pou-
« voirs internationaux, il faut les armer d'instruments efficaces
« contre la révolte. Il y aurait des Nations rebelles. La répression
« aurait donc à s'imposer. A qui incomberait-elle ? Assurément à
« la Nation la plus forte ou au concert des plus forts. Quel en serait
« au bout du compte le résultat ? Simplement de légaliser le do-
« maine de la force, en le substituant à celui de l'équilibre des
« souverainetés. Et voici comment la paix à outrance, en croyant
« embrasser la justice au lieu de l'arbitrage, finirait par mettre la
« force à la place du droit.

« *Ce n'est donc pas un progrès que l'on nous suggère. C'est une*

« *innovation dangereusement réactionnaire dans ses tendances et*
« *dans la perspective de ses résultats.* Le progrès sera toujours dans
« l'arbitrage. Il faut le développer toujours. Mais pour le dévelop-
« per de plus en plus, il n'en faut pas altérer le caractère. Sans cela
« il perdrait certainement la confiance générale. Or, la confiance
« est cet élément humain, cet élément social auquel j'ai fait allu-
« sion, et dont l'arbitrage se nourrit. L'arbitrage vit de la confiance.
« La juridiction vit de l'obéissance. Les Nations n'obéissent pas ;
« elles choisissent et ont confiance.

« Vous vous écartez de l'arbitrage en vous rapprochant de la juri-
« diction ? Eh bien ! vous aurez la méfiance des Etats. Or, lorsqu'on
« a déjà sur les bras autant de difficultés que nous en avons, il ne
« me semble pas qu'il soit désirable d'en créer de nouvelles. Ce ne
« serait pas là de bonne politique. Il faudrait rendre au contraire
« l'arbitrage plus acceptable aux Nations qui s'en effraient au lieu
« de susciter contre lui des appréhensions plus légitimes que celles
« déjà existantes ».

Donc le système du Dr Barbosa, premier délégué du Brésil, présente l'antithèse complète du système soutenu par la Délégation
des Etats-Unis qui force les parties en litige à s'adresser à la Cour,
même contre leur gré, et veut établir un corps de judicature constitué sur le modèle de la Cour suprême de Washington. M. Crowe a
déclaré que la liberté des Nations devait être restreinte dans l'intérêt même de la Cour. Les décisions de cette Cour sont destinées,
dans la pensée des auteurs de la proposition américaine, à former
une jurisprudence et à développer peu à peu le droit international
par l'autorité de ses précédents. De telle sorte que les Puissances,
désirant voir terminer leurs conflits par l'arbitrage, doivent être
forcées de soumettre leur litige à ce corps suprême de judicature.

Le Dr R. Barbosa proteste avec la plus grande énergie au nom
de son Gouvernement comme en son nom personnel. Après avoir
rappelé la distinction entre l'arbitrage mondial obligatoire et l'arbitrage obligatoire conventionnel, résultant d'un traité passé entre
deux ou plusieurs peuples et précédé, dans chaque cas, d'un compromis librement consenti, il poursuit : « Il est bien entendu qu'en
« acceptant ce dernier arbitrage obligatoire, ce n'est pas notre
« dessein de renfermer dans l'obligation, l'obligation du Tribunal ;
« non, ça non ; une chose n'implique pas l'autre. Bien au contraire,
« elles s'excluent. L'abandon du droit de choisir les juges est en
« antagonisme avec l'essence même de l'arbitrage. Et puis la sou-
« mission à un code inévitable comporterait chez des Nations
« souveraines une abdication flagrante de la souveraineté. Ce serait
« par conséquent un pacte caduc. Donc point de Cour obligatoire,

« mais seulement l'obligation de l'arbitrage ; mon Gouvernement
« n'accepterait pas d'autre formule. »

Le premier délégué Brésilien aurait pu ajouter que la souveraineté est une et indivisible et qu'une Nation qui en aliène tout ou
partie, perd par là même sa raison d'être et disparaît absorbée par
les autres et devenue leur esclave.

En dépit de la fermeté de ses déclarations nationalistes, M. le Dr
Ruy Barbosa est Franc-Maçon, il ne peut résister au courant Judéo-
maçonnique qui entraîne la première commission. Il a voté, en
principe, et l'arbitrage mondial obligatoire et la Cour permanente de Justice. Mais sa conscience est agitée de remords. Parfois
il en laisse échapper l'expression. Notons au passage une de ses
lamentations.

« Pourquoi avons-nous résisté ?

« Tout d'abord, parce que dans une besogne où l'on a fait tant
« de cas des *intérêts vitaux*, il serait inconcevable que l'on pût faire
« bon marché d'un *droit vital*. Il n'en est, en vérité, aucun plus
« digne de figurer dans cette catégorie que celui de l'égalité des
« Etats souverains.

« Ensuite nous avons résisté, parce que, à côté de la nécessité
« suprême de préserver ce droit, nous tenions à celle d'en préser-
« ver un autre non moins incessible ; celui d'assurer toujours à la
« justice internationale son caractère d'arbitrage, avec la faculté,
« y inhérente, pour chaque partie, de choisir ses juges.

« Nous avons résisté jusqu'à l'extrême, par la considération que,
« si malgré tant d'intérêt et tant de chaleur employés, au sein de
« cette Conférence, par la majorité de ses membres, et justement
« ceux du plus grand prestige, dans le but de trouver une formule
« acceptable pour la composition de la nouvelle Cour arbitrale, on
« n'aboutissait qu'à des échecs successifs, c'était ou que la chose
« est impraticable, ou que le temps n'est pas encore mûr pour
« l'éclosion de cette nouveauté inconsistante et hasardeuse.

« Ce que la sagesse nous conseillerait donc, nous semble-t-il, ce
« serait d'attendre l'autre Conférence. On ne voudrait pas s'y con-
« former. Mais pourquoi donc ? D'où viendrait cet empressement ?

« Il provient d'une tendance dont je vous ai déjà signalé le carac-
« tère aventureux, laquelle nous éloigne rapidement de la circons-
« pection qui a présidé à l'œuvre de la première Conférence de
« 1899, en substituant à l'arbitrage, qui est la forme de la justice
« pour les souverainetés, la juridiction que l'on n'avait jamais rêvée
« pour les affaires internationales que dans les songes-creux de
« l'utopie ».

Le péril de cette adultération de l'arbitrage, de cette illusion

« séduisante mais risquée, avait été entrevu et dénoncé en 1899,
« dans la première Conférence, par une voix qui est parvenue à se
« constituer l'oracle de la seconde. Je n'aurais pas besoin de nom-
« mer notre illustre Président M. Léon Bourgeois.

« La liberté du recours à la Cour d'arbitrage, disait M. Bourgeois
« en 1899, et la liberté dans le choix des arbitres, nous paraissent,
« comme aux auteurs des deux projets, les conditions mêmes du
« succès de la cause que nous sommes unanimes à vouloir servir ».

Oui, mais en parlant ainsi en 1899, M. Bourgeois obéissait fidèlement aux *instructions maçonniques*, comme il obéit aux instructions maçonniques en disant le contraire en 1907. Comme M. Ruy
Barbosa, lui-même, obéit aux instructions maçonniques, lorsqu'il
vote le principe de la Cour permanente de Justice internationale et
le principe de l'arbitrage mondial obligatoire sans réserve.

En 1899, la Franc-Maçonnerie estimait qu'il convenait de ne pas
effrayer les Nations, en laissant apparaître, dès la première réunion
de la Conférence, le but réel qu'elle poursuivait ; et qu'il était prudent de dissimuler, encore pour quelque temps, sous le voile sédui-
sant de l'amour de la paix, l'ardente soif de la domination universelle.

En 1907, les Juifs, qui avaient fait l'élection de Roosevelt, exigeaient qu'on fît un pas en avant, qu'au-dessus des pouvoirs gouvernementaux, *législatifs, judiciaires* et administratifs des peuples
fût élevée une juridiction suprême où ils seraient les maîtres comme
ils étaient déjà les maîtres dans le Parlement de l'humanité par l'en-
tremise de leurs agents, maçons ou maçonnisants.

M. Bourgeois, Président de la première Commission, reçut les
instructions et les pouvoirs nécessaires pour ne pas laisser la Conférence se séparer sans que ce *desideratum* eût reçu satisfaction.
C'est ce qui explique comment il fit voter le principe de la Cour et
de l'arbitrage mondial même par les membres de la Commission qui
s'étaient montrés les plus hostiles à ces deux innovations et qui
avaient fait valoir contre eux les plus forts arguments.

Ce n'est que, quand, du domaine des principes abstraits, la Commission voulut passer à l'application pratique, qu'elle s'aperçut de
l'impossibilité de réaliser ces utopies dangereuses. Après s'être,
pendant quelques semaines, inutilement cassé la tête contre les
murs, pour trouver une issue qui n'existait pas, elle dut confesser
son impuissance et, pour dissimuler sa défaite, se réfugier dans le
palais féérique des vœux où, comme chacun sait, la fantaisie la plus
hardie peut se livrer, en liberté, à tous ses caprices.

M. Bourgeois est trop avisé, il a trop appris, par une longue expérience, ce qu'il faut déployer de doigté, de tact, de prudence, de

ruse, si l'on veut faire adopter une innovation par un parlement quelconque, fût-ce même par le Parlement de l'humanité, pour s'être attaché au projet des Etats-Unis qui prétendait, de prime abord, imposer au monde la Constitution de Washington.

Il a jeté du lest, beaucoup de lest. Il a présenté un projet transactionnel et il l'a présenté avec tant de candeur, d'innocence et d'ingénuité qu'en vérité, il fallait être bien soupçonneux pour ne pas sentir tomber toutes ses méfiances.

Il commence par déclarer que, plus que jamais et plus que personne, il reste attaché aux principes de la première Conférence et au système consacré en 1899 de la nomination des arbitres par les parties. Si les propositions qu'il vient soutenir pouvaient avoir pour conséquence la suppression de la Cour d'arbitrage telle qu'elle a été instituée à la Haye en 1899, il n'y aurait pas, dans toute la Conférence, un opposant plus résolu que lui.

Cette profession de foi préliminaire a pour but de désarmer les tenants du système adopté en 1899 et les partisans de l'arbitrage.

« Mais il s'agit aujourd'hui, affirme-t-il, d'une toute autre ques-
« tion, il s'agit de savoir si, pour des objets limités, dans des con-
« ditions spéciales, il n'est pas possible d'assurer plus rapidement
« et plus facilement le fonctionnement de l'arbitrage sous une
« *forme nouvelle et nullement incompatible avec la première* ».

Tout le système de M. Bourgeois repose sur une distinction entre les procès politiques d'une part, les procès juridiques de l'autre.

Dans les conflits d'ordre politique, d'après lui, l'arbitrage sera toujours la véritable règle et aucun Etat, petit ou grand, ne consentira à aller devant un tribunal arbitral s'il n'est pas intervenu d'une façon décisive dans la désignation des membres qui le composent.

« Mais, en est-il de même dans les questions de l'ordre purement
« juridique ? Ici les mêmes inquiétudes, les mêmes défiances peu-
« vent-elles se produire ? Et chacun ne conçoit-il pas qu'un tribunal
« véritable, formé de véritables jurisconsultes, peut être considéré
« comme l'organe le plus compétent pour trancher les conflits de
« ce genre, et rendre des décisions sur de pures questions de
« droit ? ».

Nous sommes obligés d'arrêter M. Bourgeois au seuil de son raisonnement. La distinction qu'il propose entre deux catégories de procès, les procès politiques d'une part, les procès juridiques d'autre part, est inadmissible. Tout procès qu'il soit porté devant un tribunal d'arbitres, ou devant un tribunal composé de juges, professionnels et permanents, est nécessairement juridique, car toujours, dans un cas comme dans l'autre, il repose sur un droit méconnu.

ou prétendument violé, sur des intérêts lésés et dont la lésion donne droit à la réclamation d'une réparation. S'il n'y avait pas de droit à invoquer, les avocats n'auraient rien à plaider et le tribunal rien à juger.

Quant à la question de savoir si le procès est ou n'est pas politique, elle dépend, avant tout, de la qualité des personnes en cause et de l'objet. Si les plaideurs ou l'un des plaideurs est un personnage ou un être moral politique, agissant en ladite qualité de pouvoir politique, le procès est nécessairement un procès politique. Or les Nations sont essentiellement des êtres moraux politiques, à aucun moment elles ne peuvent se dépouiller de ce caractère, dans leurs rapports avec les autres Nations, donc tout procès international entre peuples est, par définition même, un procès politique.

D'ailleurs qui décidera si le conflit doit être classé dans la catégorie des litiges politiques ou dans la catégorie des litiges juridiques ? Si l'une des parties soutient qu'il appartient à la première classe et l'autre à la seconde, qui tranchera le désaccord ? Il faudra organiser une juridiction nouvelle. D'après quels principes, en vertu de quelles règles, cette juridiction nouvelle prononcera-t-elle ? Toutes questions qui sont et resteront insolubles.

Le premier délégué Français continue : « Messieurs, si nous « avons reconnu l'impossibilité d'étendre la juridiction d'un tribu- « nal permanent à tous les cas d'arbitrage, nous serons également « obligés de reconnaître l'impossibilité d'étendre à tous les cas « l'obligation de l'arbitrage lui-même, quelque forme qu'on veuille « donner à cette juridiction.

« Certes, quelques Etats comme l'Italie et le Danemark ont pu « faire séparément des traités généraux d'arbitrage obligatoire, « s'étendant, sans aucune réserve, à tous les cas, même aux con- « flits politiques. Mais qui peut espérer, dans l'état actuel du « monde, voir une convention universelle, embrassant même les « conflits politiques, obtenir la signature de toutes les Nations?

« Ici encore, nous sommes amenés à faire cette distinction entre « les questions politiques et les questions juridiques qui nous a, « tout à l'heure, éclairés et guidés » (il serait plus véridique de dire à l'aide de laquelle nous avons essayé, tout à l'heure, d'aveugler et d'égarer l'esprit de l'auditeur).

« Pour les différends politiques, il ne paraît pas possible, en ce « moment, de consacrer l'obligation par un traité universel. Mais, « au contraire, l'obligation de recourir à l'arbitrage n'est-elle pas « acceptable pour tous les Etats, dans les différends d'ordre pure- « ment juridique *pour lesquels aucun d'eux ne voudrait risquer un* « *conflit sanglant* ».

Óui, nombreux sont les différends entre les peuples qui ne sont pas de nature à faire couler le sang, qui n'ont jamais risqué et qui ne risqueront jamais de provoquer la guerre.

Actuellement, comment ces affaires contentieuses se règlent-elles ? Par un échange de vues entre les chancelleries aboutissant à arrangement amiable, ou, si les parties restent intransigeantes dans leurs prétentions, par la constitution d'un tribunal arbitral dont la sentence termine l'incident.

A cette manière de procéder qui a reçu la consécration du temps, et contre laquelle, que je sache, aucune protestation ne s'est jamais élevée, le premier délégué Français veut en substituer une nouvelle. Il veut que tous ces différends soient obligatoirement portés devant une Cour permanente de Justice Internationale, instituée tout exprès pour les trancher.

« Sur ce terrain, ajoute-t il, on peut espérer resserrer autour des « Nations le lien de l'arbitrage, on peut espérer qu'elles consenti- « ront à en reconnaître l'obligation. Et, quand je dis obligation, je « dis obligation véritable et sans réserves ; car, pour ce groupe des « questions juridiques, je repousse, avec le Bon de Marschall, la « clause dite de « l'honneur et des intérêts vitaux ». Tous les juris- « consultes seront d'accord pour penser que ces mots introduisent, « dans les conventions, une « condition potestative » qui leur en- « lève tout caractère de nécessité juridique et qui ôte toute valeur « à l'engagement. Là où l'obligation sera possible, il faut qu'elle « soit une réalité ».

Mais M. Bourgeois omet de nous expliquer la raison d'être de cette innovation. Il ne dit pas pourquoi il invente ce système si compliqué, tellement compliqué qu'il n'a jamais pu arriver à le mettre sur pied.

N'est-ce pas un spectacle étrange et de nature à déconcerter toute conscience droite ? Voilà une Conférence, dite Conférence de la Paix, spécialement convoquée pour supprimer ou tout au moins diminuer les conflits armés entre les peuples. Elle constate qu'il se présente deux catégories de différends, les uns qui peuvent provo-quer la guerre, les autres pour lesquels jamais en aucun cas, pour me servir de l'expression de M. Bourgeois lui-même, « les peuples « ne voudraient risquer un conflit sanglant ».

Aussitôt la Conférence décide qu'elle ne s'occupera pas des pre-miers, ceux qui recèlent dans leurs flancs la guerre et toutes ses horreurs. Ceux-là, elle les abandonne à leur malheureux sort. Elle estime qu'il n'y a rien à changer à l'état de chose préexistant alors que c'est précisément cet état de chose qui, aux yeux de l'opinion, avait motivé sa réunion. Elle réserve tous ses soins à doter les autres qui avaient trouvé naturellement leur voie vers une solution pacifique et satisfaisante pour tous, d'une juridiction extraordinaire.

Pourquoi cette bizarrerie illogique et choquante? Est-ce dans l'intérêt des justiciables? Est-ce dans l'intérêt de la paix ?

L'intérêt des plaideurs est d'avoir une justice peu coûteuse. M. de Martens qui est, en matière d'arbitrages, l'homme le plus expérimenté que je connaisse, dit : « Pourquoi préfère-t-on, en dépit de « la création, en 1899, d'une Cour d'arbitrage à la Haye, dans la « plupart des cas, l'arbitrage des Chefs d'Etat. Parce que, entre « autres motifs, l'arbitrage rendu par un Chef d'Etat ne coûte rien ; « quelques décorations, et c'est tout. Cela prouve donc que la Cour « de la Haye reste désertée parce qu'elle coûte trop cher aux « parties ».

Que sera-ce, quand les malheureux plaideurs seront obligatoirement astreints à aller devant la Cour permanente de justice internationale, comprenant virtuellement autant de Membres qu'il y a d'Etats souverains, qui ne pourra pas siéger à moins de dix-sept juges, dont les Membres, pour être dignement recrutés, devront toucher des émoluments d'au moins cent mille florins? Au traitement des juges, ajoutez les honoraires des avocats, avoués et autres gens de loi, les frais de citation des parties, de comparution des témoins, de production des pièces et de toute la procédure et vous penserez comme moi que les justiciables regretteront l'ancienne méthode si simple, si facile et si peu coûteuse.

Mais, si les intérêts des plaideurs sont sacrifiés, au moins les intérêts de la paix sont-ils mieux sauvegardés ?

Je crains qu'il en soit tout autrement.

Prenons un exemple. Je cite un cas entre mille. La Turquie se plaint que des bandes grecques ou bulgares aient pénétré sur son territoire, enlevé des troupeaux et dévalisé des fermes.

Aujourd'hui, comment les choses se passent-elles? La Turquie adresse, par voie diplomatique, une réclamation aux Chancelleries de Sophia ou d'Athènes. Celles-ci, ayant aussi très vraisemblablement des griefs analogues à faire valoir contre les Bachi-bozoucks, l'affaire se règle par compensation. La paix n'est pas un instant en péril, car aucune des Chancelleries ne songe à exposer son pays aux hasards d'une guerre pour une affaire d'aussi mince importance.

Que la Cour permanente de justice internationale soit créée, la Turquie va obligatoirement porter à sa barre une demande en règlement de dommages-intérêts dont le principe n'est ni contestable, ni contesté. La Cour va nécessairement condamner la Bulgarie ou la Grèce au paiement d'une indemnité. L'arrêt de la Cour va former jurisprudence, et sous peine de se déjuger et par suite, de se condamner à une légitime déconsidération, la Cour va être forcée, dans toutes les espèces analogues, d'allouer des dommages-intérêts proportionnels.

Armé de ce précédent, la Sublime Porte va rechercher, dans ses archives, tous les incidents de frontière qui, depuis trente ans, depuis que la prescription n'est pas encore acquise, ont pu ouvrir, en sa faveur, une action en paiement d'indemnité soit contre la Grèce soit contre la Bulgarie, et elle va intenter à ces Puissances, devant la Cour permanente autant de procès qu'elle est sûre de gagner à l'avance.

Ce n'est plus, alors, de quelques livres Turques qu'il s'agira. Il s'agira de millions et de millions. Réduites au désespoir par la menace de ces condamnations judiciaires suspendues sur leurs têtes, ces Nations, plus riches en poudre et en balles qu'en écus, pour échapper à la ruine certaine, se lanceront dans une guerre à mort.

Il faut être dépourvu de sens pratique et singulièrement ignorant des choses de la diplomatie, pour ne pas comprendre que mettre aux Nations, en voie de formation ou de transformation, la camisole de force de la jurisprudence d'un corps de judicature permanent, c'est allumer le plus formidable foyer de guerres incessantes qui se puisse imaginer.

Ce n'est donc pas l'intérêt de la paix pas plus que l'intérêt des justiciables qui inspirent M. Bourgeois quand il réclame de la Conférence la confection d'une liste énumérative des cas où le jugement du différend par un corps de judicature sera *une obligation réelle et absolue.*

Quel motif enflamme donc le zèle de M. Bourgeois ? Pourquoi déploie-t-il une activité si pénétrante et si insinuante pour faire marcher les récalcitrants, pour triompher des hésitations, des scrupules de la conscience, des objections de la raison et de l'expérience? Pourquoi s'écrie-t-il, à tout propos, « nous ne pouvons pas quitter la Haye sans avoir rien fait et nous n'aurons rien fait tant que nous n'aurons pas établi l'arbitrage obligatoire et la Cour permanente ? »

Son but, il l'a nettement précisé quand il a dit qu'il fallait lever, au-dessus du Gouvernement, de la législation et de la justice des Nations, l'autorité suprême d'une juridiction cosmopolite. Ce faisant il était l'agent de la Franc-Maçonnerie qui, elle-même obéissait aux Juifs.

Les Juifs, quand ils ont déterminé le tzar d'abord, Roosewelt ensuite, à convoquer ou à faire convoquer la première puis la seconde Conférence de la Haye, poursuivaient l'exécution d'un plan mûrement médité et méthodiquement organisé. Profondément convaincus de la supériorité de leur race et du rôle de domination sur les gentils que les destins lui assignent, ils veulent faire passer dans la loi mondiale ce qui est déjà dans les faits, dans les coutumes et dans les mœurs. Depuis la sainte Russie jusqu'à la France athée, depuis la vieille Angleterre, qui avait su conserver jusqu'à ces derniers temps les vestiges de l'oligarchie aristocratique, jusqu'à la jeune Amérique, la fleur et l'espérance de la démocratie ploutocratique, ils voient toutes les Nations s'agenouiller devant leur puissance financière aussi dévotement que, jadis, leurs ancêtres devant le symbolique veau d'or.

Peuple-Pape et Peuple-Roi, ils veulent détenir officiellement le magistère suprême qu'ils exercent occultement. Pour réaliser cet idéal, si patiemment poursuivi depuis tant de siècles, à travers les péripéties les plus diverses de triomphes et d'humiliations, de misères et de souffrances compensées par la jouissance intime du pouvoir que donne la détention de l'or, il n'y a plus, pensent-ils, qu'un effort à tenter. Il faut briser cet antique cadre des nationalités, de tous côtés battu en brèche par les sophistes du socialisme, les Jaurès et les Hervé, et par les doctrinaires du pacifisme et de l'humanitarisme qui, par une voie détournée mènent plus sournoisement mais plus sûrement au même but. Atteints de la cécité, qui frappa la Royauté Française à la veille de la Révolution, les Gouvernements sont ou dupes ou complices, croyant par leur complaisance pour l'erreur s'acquérir un regain de popularité.

Au nom de la solidarité de la race humaine préconisée jadis dans un livre de M. Bourgeois; au nom de la fraternité des peuples, de l'amour de la paix, ce bien suprême des Nations comme des individus, la Conférence va démanteler la place et y introduire le principe destructeur qu'il ne s'agira plus que de faire fructifier et développer. Laissez les Juifs accomplir cette besogne, ils s'y entendent merveilleusement.

Il n'est question de rien jeter à bas, ni de rien révolutionner. On laisse subsister, sans y apporter aucune modification, l'organisation intérieure ou extérieure de tous les Gouvernements. On projette seulement de superposer à la hiérarchie des Pouvoirs publics, dans les divers pays, un rouage nouveau, dont le fonctionnement, du reste, est réduit, au début, à quelques cas limitativement déterminés et d'une application assez rare, mais qui est susceptible, dans l'avenir, de prendre une extension indéfinie.

Il s'agit d'instituer une Cour mondiale devant laquelle on sera obligatoirement astreint à comparaître et qui dira aux Gouvernements : vos mesures peuvent vous paraître justes, mais moi je les trouve iniques et il faudra les rapporter ou je vous condamnerai au paiement de dommages-intérêts; qui dira, aux Parlements : vos lois peuvent plaire à vos électeurs, mais elles sont contraires à ma jurisprudence, il faudra les abroger ; qui dira, aux cours et tribunaux : vos décisions peuvent être conformes aux us et coutumes des pays que vous habitez, mais elles sont contraires au courant humanitaire qui doit désormais dicter les sentences des compagnies judiciaires ; il faudra jeter au feu vos codes, vos coutumes et le recueil de vos arrêts. A l'avenir, le monde entier doit se régler sur un seul type et c'est à nous qu'il appartient exclusivement d'en dessiner le modèle.

Ce restera un mystère pour l'historien que ces deux innovations, si contraires au génie de l'humanité comme à ses traditions, aient été acceptées, en principe, par l'unanimité des délégations de quarante-six Etats souverains. Ce phénomène étrange prouve la force irrésistible d'un grand courant maçonnique, quand il a été savamment organisé de longue date et qu'il a la connivence, plus ou moins avouée, des Gouvernements ou de leurs représentants.

Mais c'est peu de voter le principe d'une institution nouvelle, l'important c'est de trouver une majorité résolue à la mettre sur pied et à faire les sacrifices nécessaires pour sa réalisation comme à vaincre les résistances qui nécessairement s'opposeront à son application. C'est la pierre de touche à laquelle on reconnaît la vitalité de la conception, que l'on distingue l'utopie de la vraie réforme et du progrès réel.

Ce n'est pas tout de décider, en principe, la création d'une Cour de justice. Il faut aussi s'occuper de régler sa composition, de dire combien de juges titulaires ou suppléants elle comprendra dans son sein, comment ses magistrats se recruteront et comment ils exerceront leurs fonctions.

Il faut aussi définir la compétence de ce corps de judicature, déterminer les affaires qui rentrent dans son ressort et fixer le caractère et l'effet de ses sentences soit à l'égard des plaideurs, Etats ou particuliers qui comparaîtront à sa barre, soit vis à vis des tribunaux nationaux des divers pays qui auront à en assurer et à en contrôler l'exécution et dont la jurisprudence pourra se trouver en désaccord avec la sienne. Les décisions de la nouvelle Cour mondiale auront-elles un effet interprétatif et rétroactif, ou bien ne statueront-elles que pour l'avenir, seront-elles réglementaires et générarales ou bien ne seront-elles bonnes que pour les parties qui les auront obtenues, jouiront-elles du bénéfice de l'exécution parée, ou devront-elles, pour devenir exécutoires chez les différents peuples, requérir l'*exequatur* des autorités judiciaires locales ? Toutes questions et bien d'autres qui doivent être clairement résolues avant la mise en marche de ce rouage, inconnu du monde ancien comme du

4

monde moderne, si l'on veut qu'il ne jette pas le plus grand dé-
sarroi dans le fonctionnement du système judiciaire de tous les
pays.

C'est quand, quittant enfin le domaine des théories nuageuses
du pacifisme et de l'humanitarisme, où se plaisait à la bercer l'élo-
quence lénitive de M. Bourgeois, la première Commission voulut
entrer en contact avec la réalité, que les plus vifs désaccords se ma-
nifestèrent dans son sein, que le désordre et la confusion régnèrent
dans ses délibérations, que les commissaires épuisèrent leur ingé-
niosité à présenter propositions sur propositions, pour les voir toutes rejetées, avec un égal insuccès, et, finalement, le beau château
de cartes amoureusement dressé par la délégation Française s'écrou-
la dans le néant.

Un Comité de sept membres, composé en majorité des représentants des grandes Puissances, avait été chargé de préparer un projet d'organisation de la Cour permanente et du mode de recrute-
ment et de roulement des juges qui devaient la composer. Quand
le Comité présenta à la Commission le résultat de ses travaux, ce
fut un *tolle*, ce fut le signal qui déchaîna la tempête. La confusion
des langues ne jeta pas un plus grand désordre parmi les construc-
teurs de la tour de Babel.

On vit alors apparaître toute l'énormité du mensonge maçonnique qui voulait faire croire que la Cour permanente, à raison de
l'insignifiance du domaine dans lequel elle était appelée à exercer
sa compétence, ne jouerait qu'un rôle effacé et sans conséquence.

Si les délégations avaient partagé cet avis, soyez sûr qu'elles auraient décliné à l'envi, pour leur pays, l'honneur d'y être représenté
par un ou plusieurs magistrats, car cet honneur n'était pas sans
entraîner avec lui de lourdes charges. En sus des frais d'installation
de cette Compagnie judiciaire, d'entretien des locaux et de paiement du personnel secondaire, un traitement de cent mille florins
par juge. Il a été reconnu qu'au-dessous de cette somme, il ne serait pas possible de recruter des jurisconsultes, d'une notoriété universelle suffisante, qui consentiraient à perdre les plus belles
années de leur vie, dans la monotonie déprimante du séjour à la
Haye.

Le spectacle fut tout autre. Aucune Nation si petite, si obérée
fût-elle, ne voulut renoncer à la satisfaction d'amour-propre de
siéger à la Cour mondiale en la personne d'au moins un représen-
tant. En vain fut-il question de grouper quelques Etats ensemble
pour la désignation d'un seul juge. Cette combinaison se heurta à
d'invincibles résistances.

Aucune Nation, non plus, ne fut contente du nombre de voix qui lui était attribué. Toutes estimèrent qu'au regard de la part assignée à leurs rivales, le lot, qui leur était réservé, était démesurément insuffisant. L'antagonisme entre l'Orient et l'Occident, l'ancien et le nouveau continent se réveilla avec une intensité inattendue. L'un fit valoir le chiffre de sa population; l'autre, l'étendue de son territoire; un troisième, l'importance de son commerce et de son industrie; un quatrième, la supériorité de ses forces militaires; un cinquième, l'excellence de son degré de civilisation, etc., etc.

Personne n'était disposé à faire la moindre transaction. Chacun comprenait que le nombre de voix dont il disposerait au sein de la Cour permanente fixerait, aux yeux de l'opinion publique, son rang dans le monde. Quelle délégation aurait osé se représenter devant son pays si elle l'avait laissé placer dans l'échelle des Puissances, à un degré moins élevé que celui auquel, dans sa propre estime, il croyait avoir droit, si elle l'avait laissé ravaler au-dessous de tel ou tel voisin ou rival ?

Cette idée de dresser une liste de toutes les Puissances où elles sont classées par ordre de valeur, de mérite et d'importance et de leur faire voter cette classification est bien la plus saugrenue qui soit jamais passée dans le cerveau d'un songe creux.

Composer une Compagnie judiciaire où toutes les Puissances siégeront avec un droit égal, celui de leur souveraineté, et, en même temps, avec un droit proportionnel à leur importance, c'est résoudre la quadrature du cercle.

Constituer le personnel de la Cour Permanente n'était pas la seule impossibilité à laquelle se heurta le projet cher à M. Bourgeois. Il fallait aussi définir sa compétence. Difficulté non moins insurmontable, mais d'un autre genre.

Ici la Commission nous offre un spectacle tout opposé à celui qu'elle nous présentait tout à l'heure. Tandis que la liste des juges à nommer à la nouvelle Cour croissait indéfiniment, la liste des affaires, retenues comme pouvant être portées devant elle, décroissait au contraire, perpétuellement. On avait d'abord péniblement dressé un tableau contenant 36 numéros, on les a réduits à 18, puis à 6, puis à 3, puis à 1, puis à 0.

« Je passe, dit le Baron Marschall, aux premiers articles fondamentaux du traité d'arbitrage obligatoire, mondial et général. Ils s'appliquent aux questions *juridiques*. Quelle est la signification de ce mot ? On m'a dit qu'il doit exclure les matières *politiques*. Or, il est absolument impossible de tracer dans un traité mondial une ligne de démarcation entre ces deux notions. Une question peut être juridique dans un pays, politique dans l'autre.

« Il y a même des matières purement juridiques, qui deviennent
« politiques au moment d'un litige.

« Veut-on distinguer les questions *juridiques* des questions *tech-*
« *niques* et *économiques?*

« Ce serait également impossible. Il en résulte que le mot
« *juridique* dit tout et ne dit rien, et en matière d'interprétation
« c'est absolument la même chose. On a posé la question qui décide
« en cas de différend si une question est *juridique* ou non ? La
« réponse n'a pas été trouvée. Et pourtant ce mot est le clou auquel
« on a accroché tout le système de l'arbitrage obligatoire y inclus
« la liste et le tableau. Si ce clou n'est pas solidement fixé, tout
« tombe sur terre.

. . . . , ...

« J'arrive maintenant à la *liste*, c'est-à-dire à l'énumération des
« points où l'arbitrage est obligatoire sans réserve, excepté natu-
« rellement la réserve qui est inhérente au mot *juridique*, la réserve
« du compromis et celle de la constitution.

« Ce qui saute aux yeux, c'est le *caractère innocent de presque*
« *tous les points*. Ce n'est pas un reproche. Même les litiges d'ordre
« secondaire peuvent altérer les rapports entre les Etats. Mais je
« me demande s'il est utile d'insérer, dans la liste, des traités, qui,
« d'après leur nature, excluent toute contestation. Mon imagina-
« tion, par exemple, est absolument insuffisante pour me construire
« un litige concernant les traités sur le jaugeage des navires.

« Mais il y a d'autres points dans les listes qui demandent l'at-
« tention la plus sérieuse. Un litige survient sur la question de
« savoir, si un des Etats a rempli cette obligation : « Arbitrage ».
La sentence arbitrale demande la modification de la loi. Com-
« ment exécuter cette sentence ? On a dit que l'approbation de
« cette Convention par les facteurs législatifs donnerait force de
« loi à toutes les sentences arbitrales à venir. Si c'est le cas, il
sera bien difficile d'obtenir l'approbation des Parlements, qui ne
« seront guère disposés à accepter comme concurrents en matière
« législative, les arbitres futurs inconnus dont le choix appartien-
« dra au Pouvoir exécutif. On a dit, d'un autre côté, que la modifi-
« fication de la loi demandée par la sentence arbitrale doit être
« soumise aux votes des Parlements. Mais au cas d'un vote négatif,
« y aurait-il *force majeure ?* Les uns ont dit « non », les autres
« oui ». La question n'a pas trouvé de solution au Comité.

« Il y a, dans la liste, des problèmes encore plus graves. On y
« trouve une série de traités dont l'interprétation et l'application
« appartiennent uniquement à la juridiction nationale.

« L'article ajoute que la sentence aura « *valeur interprétative* ».
« Cela veut dire que les Tribunaux nationaux devront s'y confor-
« mer. Or, les Tribunaux n'accepteront l'interprétation comme
« authentique que si la sentence a force de loi. Voilà le même pro-
« blème seulement plus grave, car il s'agit du prestige et de l'au-
« torité de la juridiction nationale. On veut appeler à l'interpréta-
« tion de la même matière deux juridictions complétement séparées
« et on demande à la juridiction nationale qui est un élément stable
« et entouré de toute espèce de garanties, de se rendre, dans l'ave-
« nir, à l'interprétation arrêtée par la juridiction arbitrale qui est
« un produit du moment et disparaît après la sentence. C'est poli-
« tiquement et juridiquement impossible. Si le droit international
« privé qui, il y a cinquante ans, était presque inconnu, continue
« son développement rapide des vingt dernières années, la néces-
« sité s'imposera un jour de pourvoir à une application uniforme
« des stipulations y relatives. Alors, on pensera peut-être à l'insti-
« tution d'une Haute Cour Internationale non d'arbitrage mais de
« Cassation qui fonctionnera, en matière de droit international
« privé avec les mêmes garanties et les mêmes pouvoirs que nos
« Cours Suprêmes de Justice. Cette pensée appartient à un avenir
« probablement assez éloigné. Je soumets ces considérations à
« l'*appréciation sérieuse de tous les hommes politiques.*
« Je passe au compromis. C'est encore une pierre de touche pour
« *le caractère obligatoire.* Pour aller à la Haye, il faut nécessaire-
« ment passer par une porte régulièrement fermée. Sur elle, on lit
« l'inscription « compromis ». C'est une porte à double clef. Cha-
« cune des parties en litige en possède une. Si elles s'entendent
« pour ouvrir la porte, elles passent, si non, elles doivent rebrous-
« ser chemin. Le litige reste sans solution. Le passage par cette
« porte et par conséquent le voyage à la Haye sont donc purement
« facultatifs. La Délégation allemande a essayé de donner à l'arbi-
« trage dit obligatoire le caractère d'un *pactum de contrahendo,*
« d'une convention de convenir. Dans ce but, nous voulions accor-
« der à une partie le droit de forcer le compromis. Nous n'avons
« pas eu le succès voulu et, à mon vif regret, j'ai vu des partisans ·
« fervents de l'arbitrage obligatoire dans les rangs de nos adver-
« saires. Je ne peux donc que répéter ce que j'ai dit au Comité,
« que, dans l'arbitrage obligatoire mondial, l'obligation brille sur
« le papier et s'éclipse au moment où son exécution doit commencer.
« Mais ce n'est pas tout. Il arrive que les deux parties ont passé en
« bonne entente la porte du compromis et se trouvent à l'improviste de-
« vant une seconde porte marquée « Constitution » c'est un facteur
« législatif qui en est le gardien, il l'ouvre et il la ferme à son gré

« sans aucun contrôle de la part du Gouvernement de l'Etat. Pour
« la partie qui, d'après sa Constitution doit passer par cette porte,
« le lien juridique ne commence qu'après le passage, pour l'autre,
« qui ne doit pas passer, le lien juridique est créé par le compro-
« mis. On a beaucoup parlé à la Conférence de l'égalité des Puis-
« sances, *mais voilà une inégalité entre des Puissances contractan-*
« *tes sanctionnée par la Convention même. Je n'exerce pas de criti-*
« *que, je ne constate qu'un fait.*

« Encore un mot sur la dénonciation du traité. Elle est admise
« non-seulement vis-à-vis de tous les Etats, mais vis-à-vis de cer-
« tains d'entre eux. On pourrait considérer cette clause comme une
« concession que le système mondial fait au système indivi-
« duel. Chaque Etat pourra, en effet, par la voie de dénon-
« ciation, restreindre l'application du traité aux Etats de son choix.
« Mais il y a une grande différence entre ne pas conclure un traité
« spécial et dénoncer un traité d'arbitrage général, conclu dans les
« formes solennelles d'une Conférence de la Paix. Ce serait, pour
« m'exprimer avec modération, un acte peu amical.

« Ayant parcouru ainsi l'ensemble du projet, j'arrive aux conclu-
« sions. Ce projet a un défaut qui d'après mon expérience, est le
« pire en matière *législative* et contractuelle, il fait des promesses
« qu'il ne peut remplir. Il *se dit obligatoire et il ne l'est pas.* Il se
« vante de constituer un progrès, et il ne le fait nullement. Il se
« prévaut d'être un moyen efficace de régler les litiges internatio-
« naux et, en réalité, il enrichit notre droit international d'une
« série de problèmes d'interprétation qui bien souvent seront plus
« difficiles à résoudre que les anciens problèmes et qui seront mê-
« me de nature à envenimer ces derniers ».

Je ne partage pas toutes les opinions du Baron Marschall. J'avoue
même que je ne comprends pas ce qu'il veut dire avec son procès
qui sera juridique dans un pays et politique dans l'autre. Tout procès est juridique dans tous les pays, parce qu'il doit toujours être
plaidé et jugé selon les règles du droit. Un litige entre la France
et l'Allemagne sur l'interprétation d'une convention diplomatique,
quoique la question, soit de sa nature, essentiellement juridique,
restera toujours un litige d'ordre politique aussi bien en Allemagne qu'en France, ou en France qu'en Allemagne, en raison du caractère politique des parties en causes et de l'objet du procès. La
distinction entre des procès juridiques et des procès qui ne le sont
pas n'a jamais existé que dans l'imagination de M. Bourgeois.

Quant à la Cour de Cassation mondiale rêvée par le Baron Marschall, elle ne me paraît pas valoir beaucoup mieux que la Cour
permanente mondiale inventée par M. Bourgeois. Il est certain que

toutes les Compagnies judiciaires sont entraînées par une force incoercible à accroître toujours le cercle de leurs attributions et à envahir sur le domaine législatif et sur le domaine administratif. Nous avons vu, dans un procès récent, l'affaire Dreyfus, la Cour de Cassation française, poussée par la passion politique, violer un texte de loi formel et usurper le rôle de la juridiction criminelle, Cour d'assise ou Conseil de guerre. Que ne ferait pas la Cour de Cassation mondiale? Mais, comme le prudent Baron Marschall ne préconise sa création qu'au bout d'une période de cinquante ans révolus, il est certain que ni lui ni moi, n'aurons à en bénéficier ou à en souffrir et nous pouvons léguer la question à débattre à nos neveux.

J'ai cru devoir citer *in-extenso* toute cette portion de son remarquable discours parcequ'elle fait ressortir, avec une force d'argumentation irréfutable, tout le bluff de la proposition Bourgeois qui crée un arbitrage obligatoire qui n'est pas obligatoire, une Cour permanente dont les juges ne sont pas permanents puisque, dans chaque affaire, ils doivent être nominalement désignés dans le compromis consenti par les parties, qui, loin de réduire le nombre des litiges enrichit le droit international d'une série de problèmes d'interprétation plus difficiles à résoudre que les anciens et de nature à les envenimer.

Il est certain que le souci de la paix a été le cadet des soucis de la première Commission. Elle a eu une plus haute ambition. Elle a voulu jouer au Parlement. Elle a voulu légiférer. Elle a voulu réorganiser le monde sur le modèle de la fédération des Etats-Unis de l'Amérique du Nord, et en faire une République universelle, sous la houlette d'Israël.

Le courant Judéo-maçonnique, qui entraînait la Commission dans son tourbillon, était si puissant que même M. le Baron Marschall, M. le Dr Ruy Barbosa, M. Beernaert, ou le Président M. de Nélidoff, qui avaient signalé avec le plus d'énergie le danger de ces utopies, se sont laissés aller à signer l'acte final qui affirme, sans distinguer, que l'arbitrage obligatoire a été admis à l'unanimité et qui demande aux puissances de constituer la Cour permanente de Justice internationale dès qu'elles seront d'accord sur sa composition.

Il est certain que, si la première Commission avait eu en mains les pouvoirs nécessaires pour briser la Constitution, ou abroger la législation des peuples qui s'opposaient à la réalisation de ses desseins, elle l'aurait fait. Obéissant à la Maçonnerie, elle aurait sournoisement étouffé la souveraineté des peuples et annihilé leur indépendance.

Mais, pour puissantes que soient les Loges menées par les Juifs, elles ne peuvent pas défaire l'œuvre de Dieu. Or les Nations sont de création divine comme les familles et les individus. Vaincues, les Loges durent dissimuler leur défaite derrière le mensonge d'un protocole. Au lieu de constater l'impossibilité reconnue d'établir un arbitrage obligatoire mondial et une Cour de justice mondiale, il laisse, suspendu sur la tête des Nations, le prochain retour de tentatives nouvelles pour la réalisation de ces dangereuses chimères.

Dans le clan des judaïsants, la colère fut grande. « La Confé-« rence est un fiasco, dit le *Courrier*, et un tel fiasco qu'il rejaillira « d'abord sur la réputation des délégués, ensuite sur le respect « qu'ont les sujets pour leurs Gouvernements, enfin *sur la chance* « *de la convocation d'une autre Conférence de notre temps* ».

Cet échec était d'autant plus fâcheux que tout semblait sourire, en ce moment, à la prompte réalisation du plan d'Israël et qu'il constituait pour lui une cause de retard et d'achoppements. Les Nations de l'Orient et de l'Extrême-Orient, qui avaient été jusqu'alors les plus particularistes, pour qui la Xénophobie formait la base de la politique, qui, fermement attachées à des us et coutumes plusieurs fois séculaires, opposaient une méfiance invincible aux idées de l'Occident et restaient réfractaires aux infiltrations de la Maçonnerie, lui ouvraient, tout à coup, la porte à deux battants. La Turquie avait tout d'abord donné le signal, la Perse l'avait bientôt suivie et la Chine s'était lancée sur leurs traces à corps perdu.

Les jeunes gens, que ces divers pays avaient envoyés en Angleterre, en France et surtout aux Etats-Unis, pour y apprendre l'art de gouverner, avaient été circonvenus par les agents des Loges et y avaient appris l'art de révolutionner. Les procédés, à l'aide desquels la Franc-Maçonnerie, pervertit ces jeunes intelligences, lancées dans un milieu dont elles ignorent tout, où elles ne comprennent rien et ne sont comprises de personne, pour s'assimiler, en quelques mois, le suc et la moëlle des institutions étrangères, sont toujours les mêmes et réussissent toujours.

Elle commence par enivrer ces malheureux des flagorneries les plus hyperboliques. Elle leur fait croire qu'ils sont des génies très supérieurs à leurs compatriotes, aveuglés par leurs superstitions surannées, et aux étrangers, au milieu desquels ils vivent, encroûtés dans leurs routines. Ils sont destinés à renouveler le monde aux lumières de la sociologie transcendentale.

Je me rappelle avoir connu, à cette époque, deux jeunes exotiques, l'un Russe et l'autre Chinois. Tous deux admirateurs de Naquet, qui était, à leurs yeux, le plus grand philosophe des temps modernes. Je leur demandai quelle réforme ils allaient, en premier lieu, préconiser dans leur pays.

Le Russe me répondit : l'établissement de la propriété individuelle. Je vais demander le partage des propriétés de la couronne, des seigneurs et des communes, leur distribution, par lots égaux, entre tous les paysans et la constitution de tous ces domaines en fiefs entre les mains des familles. L'absence de propriété individuelle est la cause de la ruine de la Russie.

Le Chinois me dit : je vais demander la suppression de la propriété individuelle. Je veux que toutes les terres soient mises en commun et cultivées par chacun au prorata de ses besoins. La propriété individuelle est la cause de l'égoïsme, de l'avarice et de tous les maux.

Tous les deux étaient d'accord sur ce point, il fallait commencer par faire table rase des institutions de leur pays.

Tous les deux étaient mûrs pour proclamer la fraternité des peuples.

Il faudrait contester l'évidence des faits pour nier que les peuples de l'Europe sont aussi enclins que ceux de l'Asie à se lancer dans la voie révolutionnaire à l'appel toujours écouté de la Franc-Maçonnerie. Déjà le Portugal a donné le signal, l'Espagne suivra bientôt et aussi l'Italie. L'Empire Russe, profondément miné, tremble sur sa base. L'Allemagne est travaillée par le socialisme et l'Angleterre par les luttes économiques entre les classes.

Les Juifs se ressaisirent.

Le résultat négatif de la Conférence de la Haye, pensèrent-ils, ne doit pas paralyser un mouvement, qui est sur le point d'aboutir. M. Taft ne nous doit pas moins que M. Roosevelt lui-même. Il aura besoin de nous pour sa réélection. Il est notre prisonnier. Vite, ils lui font proposer, de tous côtés, force traités d'arbitrage obligatoire sans réserve, ni clause restrictive aucune, avec le sens le plus large, le plus absolu, le plus compréhensif. Il en signe avec la France et avec l'Angleterre. Il en négocie avec le Japon, avec l'Allemagne et d'autres Puissances. Il est porté aux nues par toute la presse hébraïsante, maçonnisante, libérale et socialiste. Devant ce courant irrésistible de l'opinion, force sera bien aux Gouvernements d'obtempérer au vœu émis par la Conférence de la paix et de constituer, sans délai, la Cour permanente de Justice internationale, prélude de la fédération des peuples et de la République Universelle. Or, la République Universelle, c'est le règne de Juda. Israël a, par sa décision, reconquis le terrain perdu par les tergiversations et les défections coutumières à la Franc-Maçonnerie.

En dépit des combinaisons les plus habilement machinées, d'où l'on attendait le salut, quelquefois arrive la ruine, quand ce que les uns appellent la chance et d'autres la Providence s'en mêle. Ces fameux traités, qui faisaient la gloire du Président Taft et qui devaient rétablir la situation, achèvent au contraire de la compromettre et complètent la débâcle.

Un certain nombre de sujets Russes, de race et de religion juives, ayant commis de graves infractions aux lois et réglements applicables à leurs coreligionnaires, furent, à raison de ce fait, frappés de la peine du bannissement et expulsés du territoire de l'Empire. Que firent-ils ? Ils allèrent s'établir aux Etats-Unis et s'y firent naturaliser citoyens de la grande République. Se prévalant, alors, de cette nouvelle qualité et des clauses du traité de commerce et d'établissement en vigueur entre la Russie et les Etats-Unis, qui n'assujettisent pas les étrangers, résidant en terriroire moscovite à certaines obligations pesant sur les nationaux, soit à raison de leur origine, soit à raison de leur culte ; ils repassèrent la frontière, revinrent se fixer dans leurs anciennes installations et prétendirent se soustraire aux lois et règlements dont il leur avait été fait application ainsi qu'aux conséquences de leurs infractions précédentes.

Le Gouvernement de Pétersbourg n'admit pas cette prétention et fit, pour la seconde fois, procéder à leur expulsion. Naturellement, le Cabinet de Washington prit fait et cause pour les Juifs et protesta. Sa protestation n'ayant pas été écoutée, par mesure de représaille, il dénonça le traité de commerce et d'établissement, manifestant clairement l'intention de n'en pas conclure un nouveau jusqu'à ce que ces nouveaux sujets Israélites aient reçu pleine et entière satisfaction.

Certes voilà un conflit qui, par essence, rentre dans la catégorie de ceux qui, de l'avis unanime de la Conférence de la Haye, doivent obligatoirement être soumis à l'arbitrage. Il s'agit purement et simplement de l'interprétation des clauses d'une convention diplomatique. C'est même le type qui a été choisi de préférence par tous les jurisconsultes, comme se prêtant le mieux à l'application immédiate de l'arbitrage obligatoire.

Vous croyez que le Cabinet Washington va prendre aux cheveux l'occasion de montrer la sincérité de sa dévotion à la cause de l'arbitrage, en saisissant le tribunal de la Haye. Erreur ! Il se refuse à tout arbitrage. C'est que le Président de la Grande Répubique est assez jurisconsulte pour prévoir à l'avance que la décision du tribunal sera contraire aux prétentions de ses protecteurs Israélites. Pour rien au monde, il ne voudrait s'exposer à perdre leur appui.

A la distinction imaginée par M. Bourgeois entre les procès juridiques et les procès politiques, je proposerai d'en substituer une autre, entre les procès où ne sont intéressés que des gentils, ceux-là doivent être renvoyés devant les arbitres, et les litiges où des Juif se trouvent engagés, ces derniers doivent être soustraits à l'aléa de l'arbitrage ; ils doivent être considérés comme gagnés d'avance.

En présence d'une si flagrante partialité, l'ex-Président Roosevelt, cédant à un élan de générosité de son cœur magnanime et, peut-être aussi, au malin plaisir de faire ressortir la couardise de son successeur, au regard des Juifs, n'a pu retenir un cri d'indignation.

Le périodique de New-York *Outlook* a publié un article signé de lui, approuvant complètement l'abrogation du traité Russo-Américain, mais estimant qu'il eût été préférable de demander d'abord au tribunal de la Haye d'interpréter ce traité.

M. Roosevelt déclare que si le Sénat vote les traités d'arbitrage avec la France et la Grande-Bretagne, le peuple Américain sera tenu, par un engagement d'honneur, à soumettre à l'arbitrage précisément les questions du genre de celle soulevée entre la Russie et les Etats-Unis, et qu'il refuse formellement d'y soumettre.

« Or, nous ne pouvons pas, dit-il, laisser à des arbitres le soin de « décider de nos intérêts vitaux, de notre honneur national et des « principes directeurs de notre politique.

« J'ai une foi profonde dans la paix et dans toute mesure d'arbi- « trage de nature à maintenir réellement la paix, mais je ne veux « pas de ces traités qui, s'ils ne sont pas modifiés, nuiront au con- « traire à la paix et *donneront à notre nation une attitude d'hypo-* « *crisie béate et odieuse.*

« L'expression « justiciable » employée dans ces traités, expres- « sion qui ne signifie rien ou qui peut signifier tout ce qu'on veut, « est de celles qui ouvrent précisément la porte à cette duplicité, à « cette mauvaise foi dont on donne aujourd'hui l'exemple ».

Il y a longtemps que nous l'avons dit, mais il n'y a pas de mal que M. Roosevelt s'en aperçoive enfin et le déclare à son tour.

M. Taft pour échapper aux critiques de son prédécesseur fait observer qu'il y a lieu entre la Russie et les Etats-Unis de conclure un nouveau traité de commerce, aux lieu et place de celui qui a été dénoncé, et que les stipulations de ce genre de conventions ne sont pas de nature à être soumises à l'appréciation des arbitres. Cela est de toute évidence, mais ce n'est pas de cela qu'il s'agit.

Il est certain que les négociations pour la conclusion d'un nouveau traité de commerce sont suspendues parce qu'il existe un différend sur l'interprétation de la précédente convention que ce différend est incontestablement de la compétence du tribunal de la

Haye et qu'en dépit du dommage considérable que cause aux deux pays la rupture de leurs relations commerciales, M. Taft refuse de porter l'affaire devant la juridiction compétente de peur de tomber en disgrâce auprès des Juifs.

Voilà la vérité qu'aucun mensonge ne saurait dissimuler.

D'autre part, le sénateur Lodge qui est, depuis quatorze ans, membre de la Commission des relations extérieures du Sénat, parlant le 29 février devant le Sénat, a déclaré qu'il s'était opposé à la ratification des traités d'arbitrage avec la Grande-Bretagne et la France, parce que ces traités pourraient mettre en péril la doctrine de Monroë.

« Il n'y a pas longtemps, a dit M. Lodge, des démarches ont été « faites par une puissance étrangère, en vue d'obtenir la possession « de la baie de Magdalana.

« A plusieurs reprises, des renseignements ont été pris près du « Gouvernement de l'Equateur pour savoir s'il se proposait de « vendre les îles Gallapagos, qui ne se trouvent pas loin du termi-« nus occidental du canal du Panama.

« Supposez que ces îles soient mises en vente, et qu'une Puis-« sance quelconque, occidentale ou orientale, les achète. Nous in-« terviendrions, et nous irions discuter devant un tribunal d'arbi-« trage la question de savoir si ces îles, qui sont essentielles à la « sécurité du canal, pourraient être vendues à une Puissance étran-« gère, en flagrante violation de la doctrine de Monroë ».

M. Lodge a cité les péages du canal de Panama et l'immigration asiatique parmi les questions qui ne peuvent être soumises à un arbitrage, et qui y seraient cependant sujettes d'après l'article 3 des projets de traités.

La presse Judéo-maçonnique déplore amèrement la mutilation des traités d'arbitrage avec la France et l'Angleterre par le Sénat.

L'opinion générale est que non seulement on n'invitera pas la France et l'Angleterre à ratifier les traités sous cette forme muti-lée, mais il est probable que les négociations avec l'Allemagne et le Japon n'aboutiront pas.

C'est l'écroulement non seulement de l'arbitrage obligatoire mondial rêvé par M. Bourgeois, mais encore de l'arbitrage obliga-toire individuel préconisé par le Bon Marschall et de bien des chi-mères qui avaient hanté les cerveaux, lors de la convocation de la seconde Conférence de la Haye, réclamée par M. Roosevelt.

Quant à nous, nous ne voulons retenir de cet exposé, que nous avons dû faire long parce que nous avons eu à lutter contre un système de dissimulation constante, que deux vérités : La première c'est que si la Franc-Maçonnerie est de première force, pour tout démolir, elle est incapable de rien édifier de durable. La seconde c'est que le Parlement mondial ne présenterait pas plus de garanties que les Parlements nationaux. Il en présenterait moins.

FLOURENS

Ancien Ministre des Affaires Etrangères

Nevers —Imprimerie-Librairie L. CLOIX, 17, Avenue de la Gare

www.ingramcontent.com/pod-product-compliance
Lightning Source LLC
Chambersburg PA
CBHW070954280326
41934CB00009B/2065